Die schönsten Wege

Erlebnis-Wanderungen

im Naturpark Obere Donau

25 Touren zwischen ruhigem Wasser und wilden Felsen

J. BERG

Inhalt

Die Touren

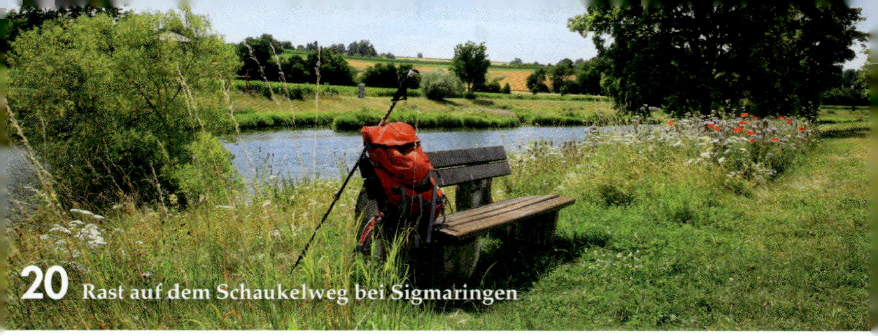

20 Rast auf dem Schaukelweg bei Sigmaringen

Tourenüberblick

Tour			Länge in km	Höhenunterschied in m	Gehzeit in Std.	Einkehr	kindergeeignet	wintergeeignet	viel Sonne	eher schattig	Sehenswürdigkeit	öffentliche Verkehrsmittel
1	Mittel	Durch die Hülenbuchwiesen zur Aussicht	11	250	3.30		•		•			•
2	Mittel	Höhlen und Flussidylle	10	140	2.30	•	•	•	•		•	•
3	Leicht	Aussichtstour knapp unter tausend Metern	7	110	2	•	•	•		•	•	•
4	Schwer	Alter Schäferweg	13	400	4.30	•			•	•	•	•
5	Leicht	Durch das Irndorfer Hardt	7	150	2		•	•	•	•		
6	Leicht	Durchs liebliche Schmeietal	8	180	2.30		•	•	•	•		•
7	Mittel	Zwei Höhlen und ein Felsentor	8	180	2.30		•	•		•	•	•
8	Mittel	Wilde Natur im Bäratal	11,5	290	3.30	•	•		•		•	
9	Mittel	Vulkanschlot und Donauversinkung	10	240	3	•	•			•	•	•
10	Mittel	Auf die Höhe zur Höhle	11,5	300	3.30	•	•			•	•	•
11	Mittel	Wallfahrtkirche und Aussichtspunkte	9,5	270	3	•	•	•	•	•	•	•
12	Leicht	Vom Donautal zur Ruine Kallenberg	9	230	2.30	•	•			•	•	•
13	Leicht	Felsengarten und Aussicht	6,7	120	1.30	•	•	•	•		•	
14	Mittel	Blick vom Spaltfels	11	320	3.30	•	•		•	•	•	•
15	Mittel	Über die Burg Wildenstein zu Aussichtsfelsen	12	380	4	•	•			•	•	•
16	Leicht	Hoch zum Lenzenfelsen	8	280	3		•			•		•
17	Schwer	Burgruine und Aussichtsfelsen	13	400	4	•				•	•	•
18	Mittel	Von Fels zu Fels zur Basilika	9,5	200	3	•	•		•	•		•
19	Leicht	Auf den Spuren von Amalie Zephyrine	4,5	90	1.30	•	•	•	•	•	•	•
20	Leicht	Herrliche Natur und viele Schaukeln	4	20	1	•	•	•	•		•	•
21	Leicht	Durch den Wald zum idyllischen See	7,5	70	2		•	•		•		
22	Leicht	Burgruine und wildes Tal	4,5	90	1 30		•	•	•	•	•	
23	Leicht	Im Zeichen der Kelten	7,5	90	2	•	•	•	•	•	•	
24	Leicht	Zwei-Täler-Tour über dem Donautal	9,5	160	3		•	•	•	•		
25	Leicht	Hegaublick und Pestkreuze	7	100	2		•	•	•		•	

● Leicht
● Mittel
● Schwer

Länge in km
Höhenunterschied in m
Gehzeit in Std.

Einkehr
kindergeeignet
wintergeeignet
viel Sonne

eher schattig
Sehenswürdigkeit
öffentliche Verkehrsmittel

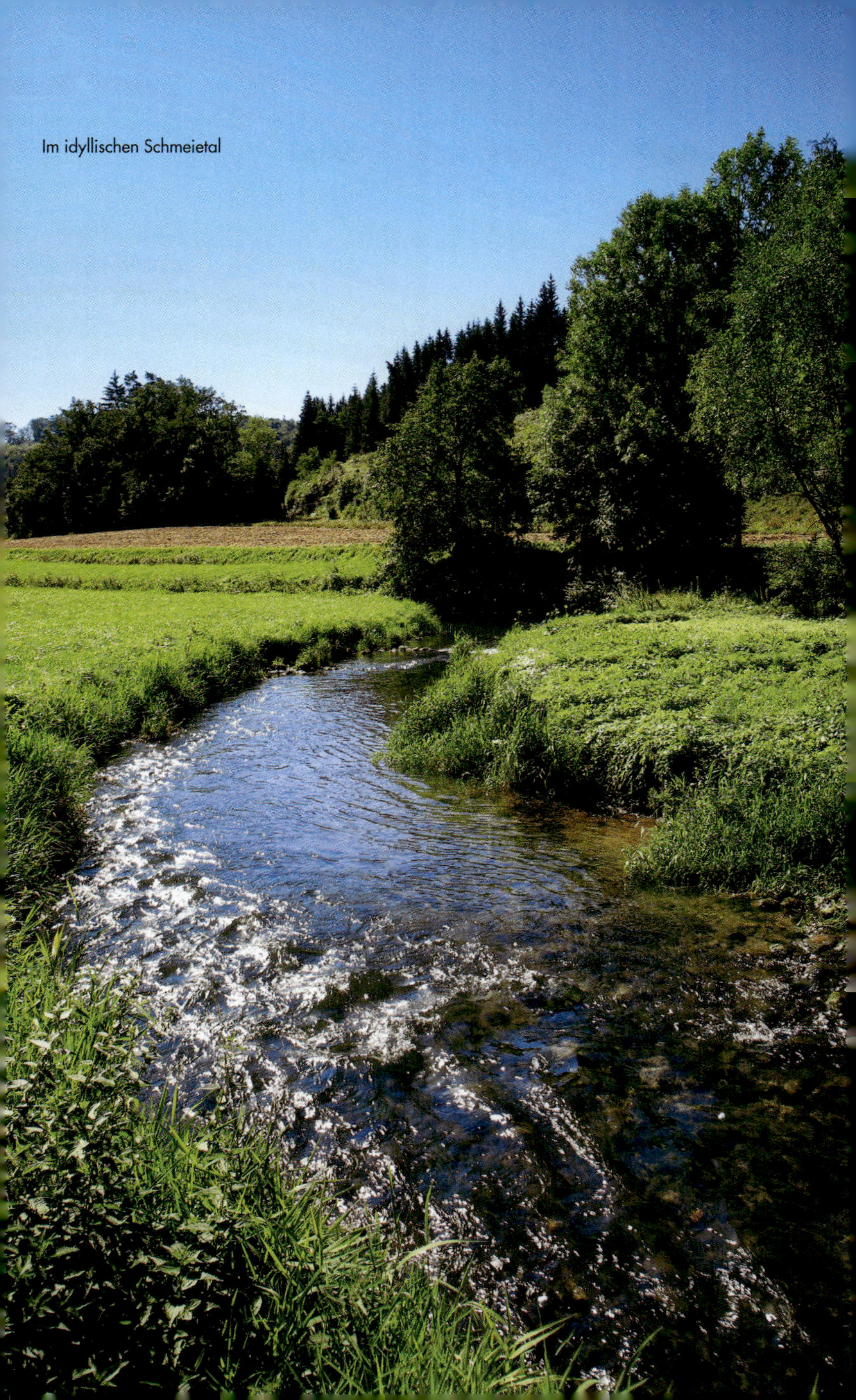

Im idyllischen Schmeietal

Vorwort

Liebe Leserinnen, liebe Leser,

zu den schönsten Wandergebieten in Baden-Württemberg gehört der Naturpark Obere Donau mit seinem Herzstück, dem Durchbruchstal der Donau. Hier zwischen Tuttlingen und Sigmaringen findet man Landschaften mit Felsen, Burgruinen und idyllischen Tälern – beispielsweise das Laucherttal, das Bäratal und natürlich nicht zuletzt das Donautal selbst. Und auch die Orte stecken voller Sehenswürdigkeiten.
Der Naturpark umfasst aber ein noch viel größeres Gebiet. So wurden in diesem Buch zum Beispiel auch Wanderungen um Tieringen mit dem aussichtsreichen Lochenstein und dem Hörnle, um Veringenstadt mit seinen zahlreichen Höhlen oder im idyllischen Bäratal beschrieben. Auf diese Weise erhalten

Postkartenmotiv im Schmeietal

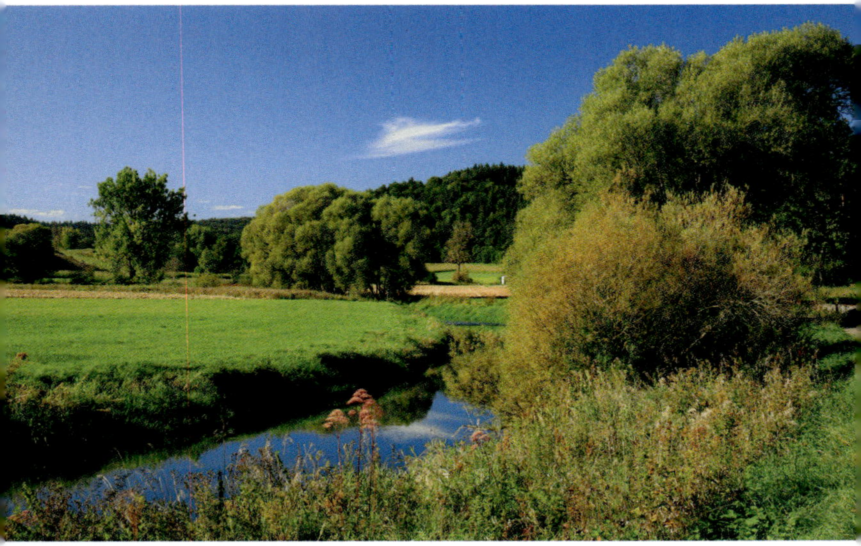

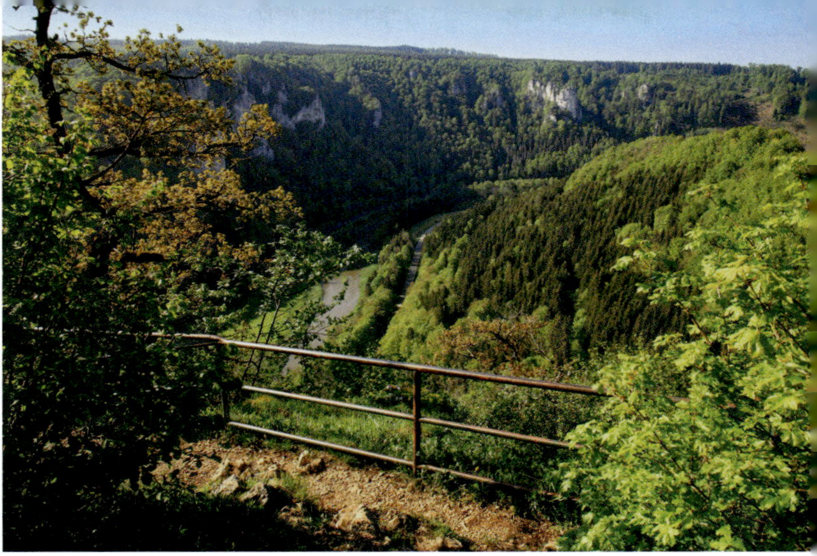

Blick vom Rauhen Stein ins Donautal

Sie einen guten Eindruck von den Schönheiten der südwestlichen Schwäbischen Alb.

Der Naturpark Obere Donau umfasst 56 Gemeinden und vier Landkreise. Neben der herrlichen Natur sind auch die Geschichte und ihre Sehenswürdigkeiten nicht ausgespart. Das beginnt in ganz alten Zeiten mit der Heuneburg, dem großen keltischen Fürstensitz mit intensiven Beziehungen in den Mittelmeerraum, und führt über zahlreiche Burgen, Ruinen und Schlösser bis hin nach Sigmaringen, das zuletzt in den Zeiten des Nationalsozialismus eine Rolle als Sitz der französischen Vichy-Regierung gespielt hat.

Über die Natur kann man sich im Haus der Natur im ehemaligen Bahnhof von Beuron informieren. Neben einer Ausstellung bietet der Naturpark auch Führungen, Aktionen und Seminare an.

Deshalb bin ich überzeugt, Sie werden viele interessante Stunden im Naturpark Obere Donau verbringen. Dazu wünsche ich Ihnen immer schönes Wetter und viele angenehme Erlebnisse und Begegnungen.

Dieter Buck

Die Donau und der Naturpark Obere Donau

Das Zentrum des Naturparks Obere Donau ist natürlich die Donau selbst, welche durch ihr bis zu 200 Meter tief eingeschnittenes Durchbruchstal mit den mächtigen Felsen fließt. Wo der Fluss – neben der Wolga der mächtigste in Europa – am schönsten ist, sind die Anwohner zwischen Schwarzwald und Schwarzem Meer unterschiedlicher Meinung. Dass die Landschaft hier im Naturpark Obere Donau zu den schönsten gehört, ist aber unzweifelhaft.

Die Obere Donau beginnt zwar an der Quelle, die Wandervorschläge in diesem Buch sind aber weitläufiger: Sie reichen von Immendingen, bekannt durch die berühmte Versinkung (oder Versickerung), über Orte entlang der Donau wie Sigmaringen, wo der landschaftlich dramatischste Teil des insgesamt 2850 Kilometer langen Flusses endet, bis zur Heuneburg bei Hundersingen.

Natur im Naturpark

Der Naturpark Obere Donau ist jedoch viel größer als nur der enge Bereich um das Durchbruchstal der Donau. Er erstreckt sich auf einer Fläche von rund 1496 Quadratkilometern entlang des Flusses und reicht von Schönberg über Immendingen im Westen bis Herbertingen im Osten, sowie von Gammertingen im Norden bis Emmingen-Liptingen im Süden.

Seine Fläche zählt zum ländlichen Raum, rund 40 Prozent des Gebietes werden landwirtschaftlich genutzt. Dabei findet man im Norden auf der Albhochfläche meist Grünland, südlich der Donau vor allem Ackerbau. Der Wald nimmt rund 47 Prozent Fläche ein. Die vielen Schutzgebiete erstrecken sich auf rund 36 Pro-

zent des Naturparks. Die geschützten Gebiete teilen sich auf in Natur- und Landschaftschutzgebiete, Schonwälder, Naturdenkmale und geschützte Biotope, sowie FFH- und Vogelschutzgebiete.
Reich ist im Park die Natur: So hat man schon über 900 verschiedene Pflanzenarten allein im Donautal gezählt, insgesamt kommt man im gesamten Naturpark auf über 1000 Arten. Viele seltene Pflanzen, auch Reliktarten, findet man in den das Tal umgebenden Felsen, insbesondere den kahlen und eigentlich vegetationsfeindlichen Felsköpfen, und in den Seitentälern. Die Pflanzen stammen teilweise noch aus den Eiszeiten oder wachsen heute in ganz anderen Gebieten wie den Alpen oder am Mittelmeer. Auch viele Orchideen wie Hummel- und Bienenragwurz, Helmknabenkraut oder Frauenschuh kann man hier entdecken.

Blick auf Schloss Werenwag

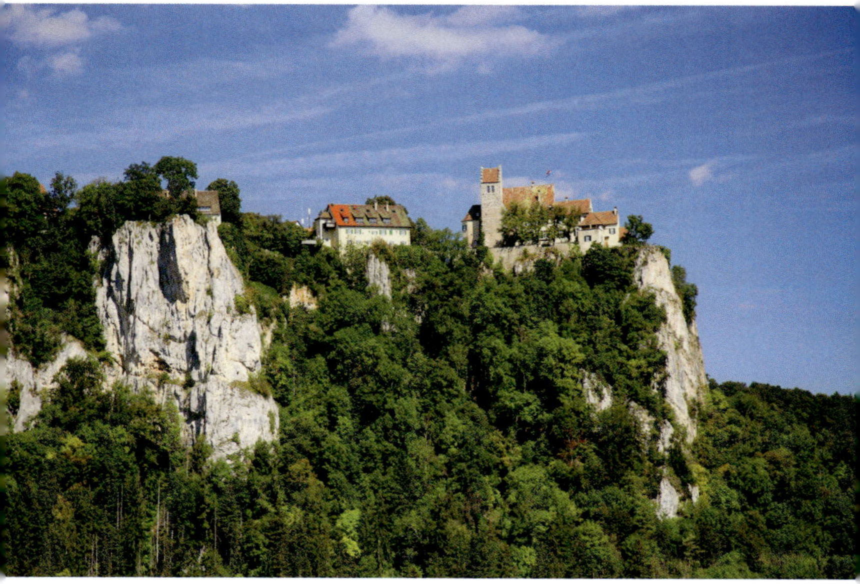

Hauch des Südens

Auf der Südseite des Donautals sinkt das Kalkgebirge der Schwäbischen Alb ab. Darüber erheben sich die so ganz anders gearteten Formationen des Alpenvorlands. Hier erahnt man bereits das südliche Bodenseegebiet, und auf dem Witthoh bei Tuttlingen, einem beliebten Ausflugsziel und Aussichtspunkt, hat man prächtige Blicke hinab in den Hegau. Ist man an einem Tag mit klarer Luft dort, sieht man bis zu den Bergen. Dann baut sich die ganze schneebedeckte, im Licht gleißende Alpenkette vom Allgäu bis ins Berner Oberland vor dem Betrachter auf.

Sonnenaufgang in der Höhle Bettelmannskeller

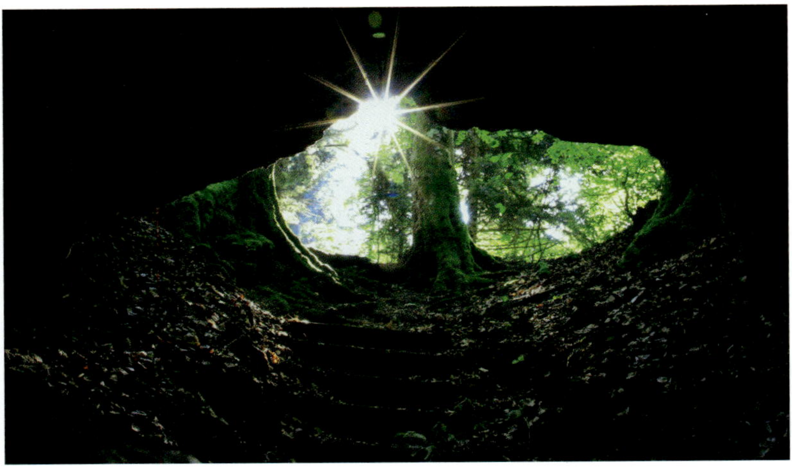

Sanfter Ausklang

Die Landschaft auf dem weiteren Weg des Flusses, östlich von Sigmaringen, ist ganz anders geartet. Hier im Alpenvorland findet man weite Flächen mit sanften Hügeln und Wäldern, auch fließt die Donau nun breiter und eher träge dahin. Es fehlt die dramatische Umrahmung mit den Felsen und den sie krönenden Burgen und Ruinen

Täler um das »Tal der Täler«

Zum Donautal hin führen einige Seitentäler. Zu den schönsten zählen das von Norden kommende Lipbachtal, das Bäratal, das Schmeietal und das Laucherttal. Geheimnisvoll ist das Finstertal, ein Trockental mit mächtigen Felsformationen. Das Hintelestal, bekannt für seine Märzenbecherblüte, ist ein prächtiges Naturschutzgebiet. Die Wasserläufe sind in der Regel noch recht naturnah. Die Südseite hat solche Schönheiten nicht aufzuweisen, denn hier neigt sich die Albtafel gen Süden und das Wasser findet seinen Weg durch die wasserdurchlässigen Schichten. Trotzdem findet der Freund uriger Natur auch hier seine bevorzugten Stellen, beispielsweise das Buttental mit der Teufelsküche.

Im Felsengarten bei Irndorf kann man die Flora der Schwäbischen Alb hautnah erleben.

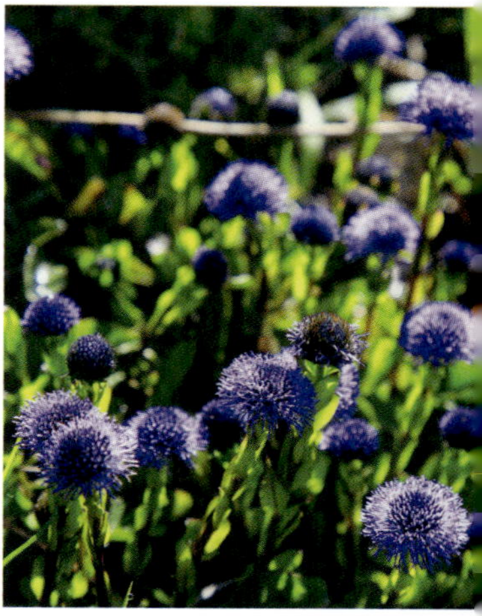

Eine geologische Besonderheit

Bei Immendingen und bei Fridingen versickert die Donau, teilweise und oft vollständig. Doch ihr Lauf geht anschließend weiter – mit Wasser von den Zuflüssen der Alb, von Elta, Lipbach, Bära, Schmeie und Lauchert, außerdem von den zahlreichen Karstquellen am und im Fluss. So bildet sich das, was als Donau dann ins Schwarze Meer mündet, oft hier erst neu! Allem Streit um die richtige Quelle zum Trotz.

Eine der schönsten Flusslandschaften

Wer die Landschaft vor den großen Durchbruchsstrecken der Donau vor Augen hat, wird die felsgesäumte Strecke zwischen Mühlheim und Sigmaringen – zweifellos der landschaftliche Höhepunkt der Südwestalb – vermutlich für die schönste des Flusslaufes halten.

Warum? Ist es die Vielfalt der Landschaftsformen, die Dramatik der hell leuchtenden Kalkfelsen, die oft von Burgen gekrönt sind, oder sind es die Städte und Dörfer mit ihren Kunstschätzen? Oder ist es vielleicht doch alles zusammen im Wechsel der Jahreszeiten, im Frühjahr in frischem Grün und mit dem weißen Flaum der blühenden Bäume, im Sommer in kraftstrotzenden Farben und im Herbst mit dem Furioso des bunten Buchenlaubs?

Hier in der Gegend musste sich die junge Donau ihren Weg durch die Kalkfelsen des Weißen Jura bahnen. Sie hat ihre Sache gut gemacht: Heute ist der zeitweise lustig mäandernde Flusslauf von hohen, steilen Felswänden umgeben, auf denen oft Burgen sitzen. Das Durchbruchstal ist recht eng und weitet sich erst bei Inzigkofen. Kurz danach erreicht der Fluss die alte Residenzstadt Sigmaringen.

Der Teil der Donau, den dieses Buch beschreibt, beginnt bei Immendingen, wo man die berühmte Donauversinkung findet. Die von der Riedbaar kommende Donau stößt durch die Geisinger Pforte in das schwäbische Juragebirge der Alb hinein. Hier aber setzt wegen der Wasserlöslichkeit und -durchlässigkeit des Kalkgesteins die Verkarstung ein: Es löst sich auf, der Fluss verschwindet durch die entstehenden Fugen, Ritzen und Hohlräume im Untergrund.

Die nächste Station ist Tuttlingen, eine lebhafte Stadt, hinter der das Tal der Donau relativ breit wird und sich erst wieder bei Mühlheim verengt. Ab Fridingen beschreibt der Fluss eine weite Schleife und stößt dann in ein schroffes, enges und wildromantisches Felsental hinein. Hier nun folgt Fels auf Fels, mit Türmen und Nadeln; richtige Felsburgen sind es, die den Wanderer erwarten. Oft ragen sie bis zu 150 Meter senkrecht aus dem Tal empor. Ab hier kommt auch der Höhlenfreund auf seine Kosten: Es sollen über

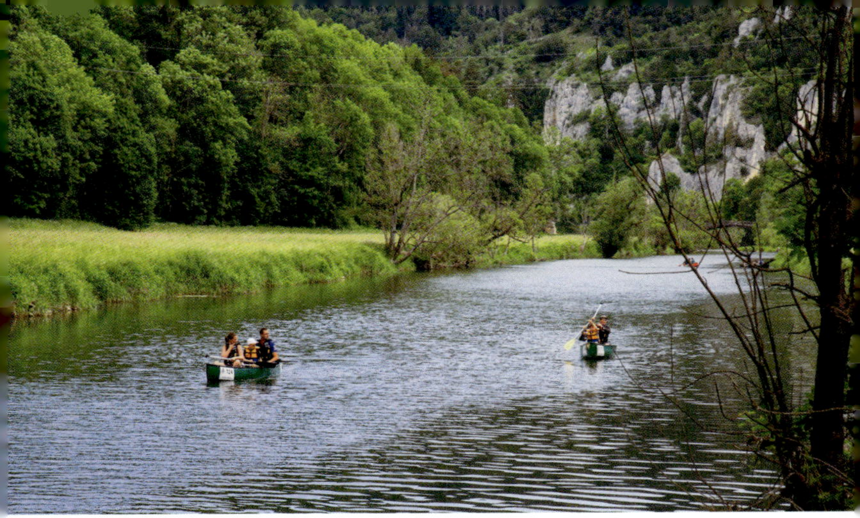

achtzig Höhlen, Felsüberhänge, Grotten und Felstore sein, die links und rechts des Flusses das Tal begleiten. Viele der Höhlen dienten in Urzeiten den Menschen als Behausung.

Auch für Wanderer sind die Paddler auf der Donau ein abwechslungsreicher Anblick.

Der Fluss ist hier noch weitgehend naturnah und von Ufergebüsch und -pflanzen gesäumt. Es gibt Kiesbänke, zeitweise überschwemmte Flussauen und wasserumspülte Felsen, sowie beim Stiegelesfels, bei Thiergarten und an anderen Stellen auch Inseln. Die Gegend ist von einer reichhaltigen Wasser- und Uferflora bewachsen und von zahlreichen Tierarten bewohnt.

Heuberg: Der Name ist Programm!

Nördlich des Donautales liegt als Teil des Naturparks die südwestliche Kuppenalb mit dem Großen Heuberg. Es ist eine offene Landschaft, die einem ausgedehnten Park gleicht; die Wiesen und Felder sind von langen Heckenzeilen gesäumt, in der freien Landschaft stehen Einzelbäume und Baumgruppen, es gibt Wälder und immer wieder steht zwischendurch eine Kapelle oder ein Feldkreuz, das von der Frömmigkeit der Bevölkerung zeugt. Woher er seinen

Namen hat, lässt sich leicht erraten, meint man. Er könnte aber auch von »Höhenberg« kommen. Sei's drum, denn heute noch ist er außer von Feldern von weiten Wiesen gekennzeichnet. Die Landschaft ist mit den Wacholderheiden und von Steinriegeln markierten Flächen albtypisch. Hier ist die Alb am höchsten – deshalb »Höhenberg« – und die Berge sind bis zu rund tausend Meter hoch. Auch der höchste Berg der Schwäbischen Alb, der 1015 Meter hohe Lemberg, liegt hier. Zur Donau hin sinkt die Hochfläche auf rund 800 Meter ab.

Bedingt durch die Höhenlage und die Wasserdurchlässigkeit des Kalkgesteins gibt es auf dem Großen Heuberg eine Landschaft ganz eigener Prägung. Sie ist charakterisiert durch weite Trockentäler und sanfte Kuppen, Hochflächen, aber auch tief eingeschnittene Täler wie beispielsweise dem Bäratal, durch Äcker, Wiesen und Wacholderheiden. Zur Donau hin ver-

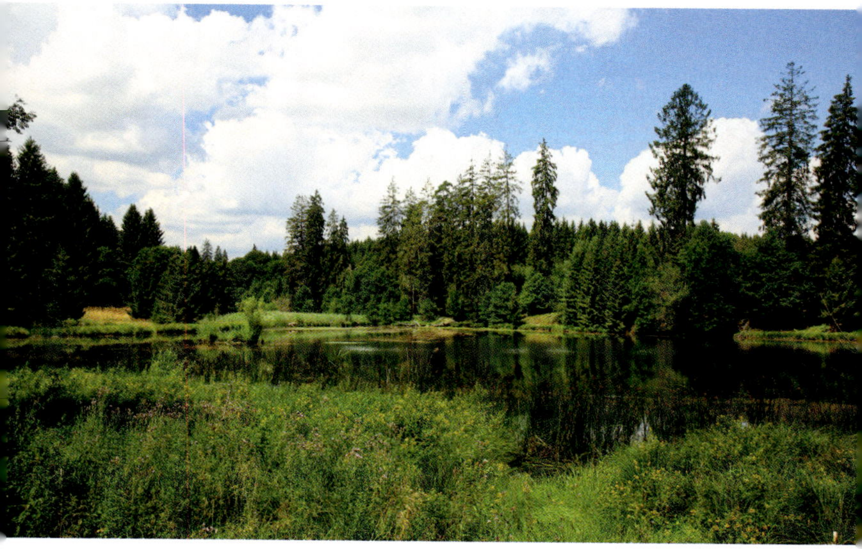

Am Ablacher Weiher im Wildpark Josefslust

laufen einige Täler, solche mit Wasserlauf, aber auch Trockentäler.
Die Landschaft ist karg, eigentlich siedlungsfeindlich, möchte man meinen. Trotzdem ist der Heuberg altes Siedlungsland. Man erkennt es an den Ortsnamen: Die »-heim«-Endungen weisen auf eine alamannisch-fränkische Siedlung hin.

Weitere Infos

Naturpark Obere Donau e.V.
Wolterstr. 16, 88631 Beuron
Telefon: (0 74 66)92 80-0
www.naturpark-obere-donau.de
kontakt@Naturpark-Obere-Donau.de

Kultur darf nicht fehlen

Sehenswert sind zahlreiche Kulturdenkmäler. Es gibt große und berühmte wie das Kloster Beuron, das Sigmaringer Schloss oder die zahlreichen Burgen und Ruinen, aber auch kleinere: von Grenzsteinen über Bauernhäuser und Kirchen bis hin zu religiösen Kleindenkmälern wie Pest-, Sühne-, Flur- oder Feldkreuzen, Bildstöcken oder kleinen Kapellen – vieles von dem, was die Bewohner der Gegend in den letzten Jahrhunderten hinterlassen haben, ist noch vorhanden. Nicht vergessen darf man auch die versteckten Kunstschätze, etwa die Einrichtung der Kirche in Nusplingen, um nur ein Beispiel zu nennen. Auch wer gerne Museen besucht, ist im Donautal bestens aufgehoben: Man findet außer dem Freilichtmuseum in Neuhausen ob Eck, dem Schloss in Sigmaringen und dem Bauernmuseum in Inzigkofen im gesamten Naturpark rund zehn Heimatmuseen.
Reich ist die Gegend aber auch an Herrschaftssitzen. So gibt es zwischen Tuttlingen und Sigmaringen acht Burgen und Schlösser, die noch bewohnt sind, elf noch sichtbare Ruinen, fünf Höhlenburgen und zehn Burgställe, also Plätze, an denen sich einmal Burgen befanden. Im gesamten Naturpark gab es etwa siebzig heute noch nachweisbare Burgen und Ruinen.

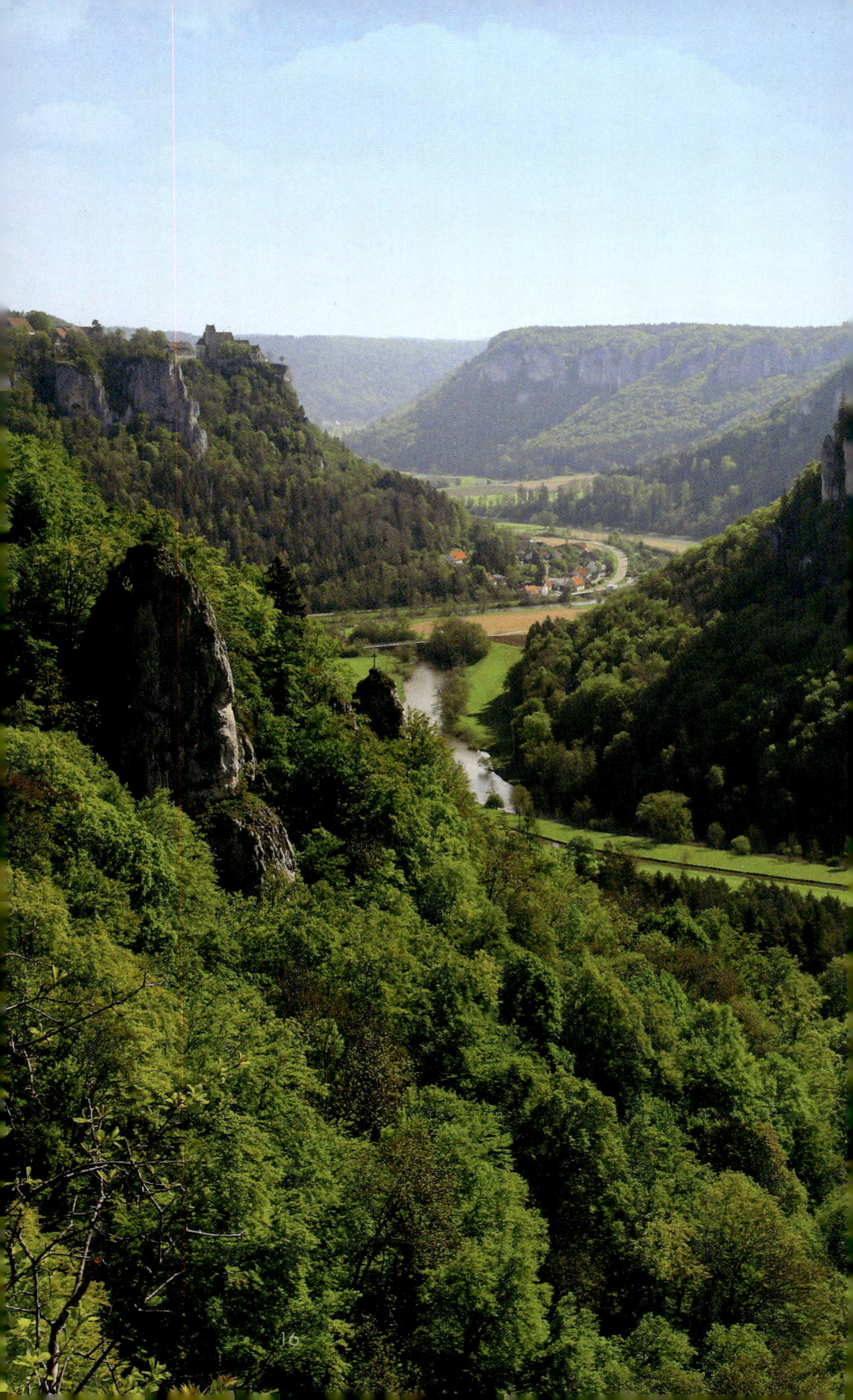

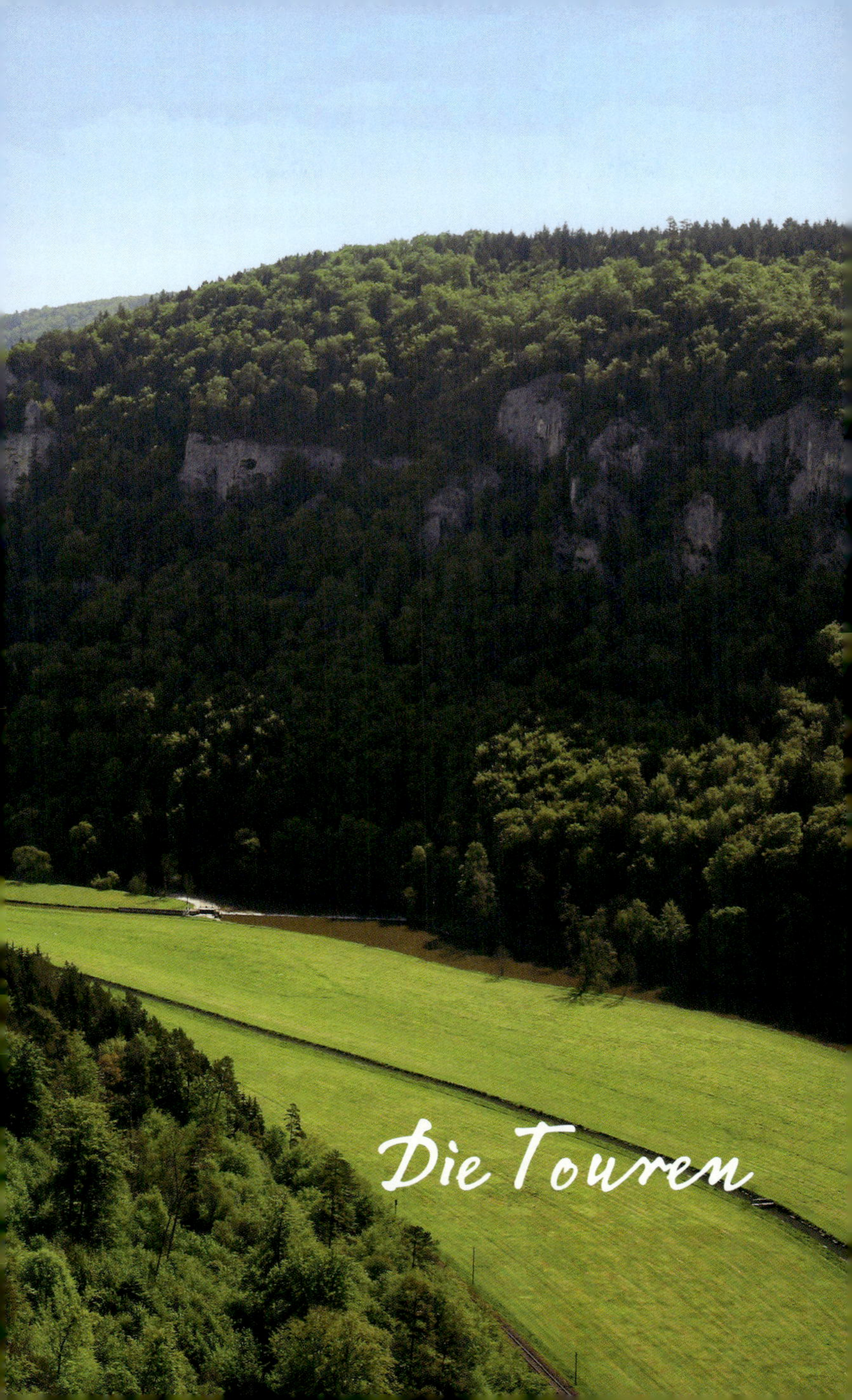
Die Touren

1 Durch die Hülenbuchwiesen zur Aussicht

Mit Gipfelkreuz am Lochenstein

Mittel | 11 km | 250 Hm | 3.30 Std.

Tourencharakter: Wir wandern meist auf Pfaden. Der Auf- und Abstieg zum bzw. vom Lochenstein sind steil, vor allem der beschriebene Abstieg wird als »Nur für geübte Wanderer« deklariert – hier sollte man trittsicher und schwindelfrei sein. Alternativ geht man auf dem Anstiegsweg wieder hinab.

Tourenverlauf: Hausen am Tann/Parkplatz Lochenpass – P Stockäcker – Schlichemquelle – Bannwald – Hörnle – Lochenpass – Lochenstein – P Lochenpass

Ausgangspunkt: Hausen am Tann, Parkplatz Lochenpass, GPS-Koordinaten: 48.218047, 8.851383

Anfahrt: A 81 bis Ausfahrt Empfingen, dann auf der B 463 zur B 27 und über Balingen und den Lochenpass nach Hausen am Tann; ÖPNV: Bahn bis Balingen, weiter mit dem Bus; Info: www.efa-bw.de

Einkehr: Tieringen; Grillmöglichkeiten: Schlichemquelle, Lochenstein West

Karte: Freizeitkarte 507 Villingen-Schwenningen (LGL)

Wir bewegen uns bei dieser Wanderung im nördlichen Teil des Naturparks Obere Donau. Attraktionen dieser zwar kurzen, aber doch relativ anspruchsvollen Tour sind die Hülenbuchwiesen, die fast den Eindruck eines englischen Parks erwecken, und die verschiedenen Aussichtspunkte, allen voran am Hörnle und am Lochenstein.

Wir gehen vom Wanderparkplatz Lochenpass (885 m) auf die andere Straßenseite, wo wir mit dem Wanderzeichen roter Strich – er begleitet uns auf der ganzen Tour – dem Sträßchen zur Jugendherberge folgen. Vor dem Sportplatz geht es am Schild Jugendherberge Lochen (895 m) über Stufen steil hinauf in den

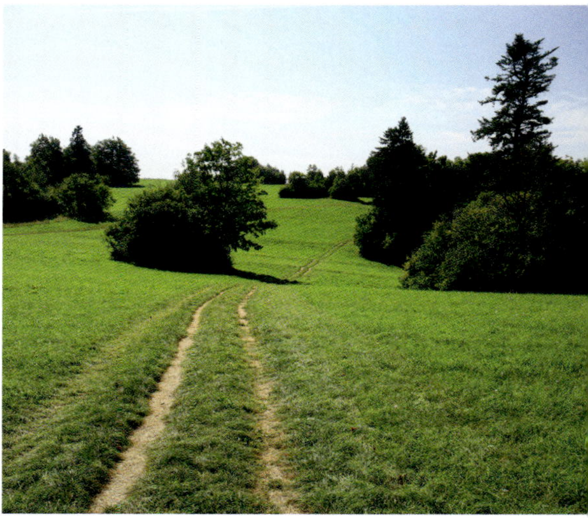

Wald. Oben auf der Hochfläche beim **Druckregler** 1 zweigen wir rechts ab in Richtung »Schlichemquelle«, nun können wir uns an den Zeichen des Premiumwanderwegs der Hochalbpfade orientieren.
Bald kommen wir an einem Aussichtspunkt vorbei; hier sieht man hinab nach Hausen am Tann, bei guten Sichtverhältnissen sogar bis zum Feldberg. Später erreichen wir den **Wanderparkplatz Stockäcker** (933 m) 2. An seinem Ende biegen wir rechts ab. Nach dem Pferdehof und vor den nächsten Häusern werden wir am Schild **Auf kurzen Steig** (929 m) 3 nach links verwiesen, gleich darauf aber wieder nach rechts. Nun wandern wir auf einem weichen Wiesenweg bis zum Wald.

Hülenbuchwiesen

Die knapp 1000 Meter hoch gelegenen Hülenbuchwiesen mit ihrem fast parkartigen Charakter entstanden aus jahrhundertelanger extensiver Bewirtschaftung, wohl wegen ihrer von Ansiedlungen abgeschiedenen Lage. Es waren einmähdige, ungedüngte Magerwiesen – Holzwiesen, die deshalb auch die dadurch bedingte Flora entwickeln und behalten konnten. Seit 1984 sind sie mit 42 Hektar als Naturschutzgebiet ausgewiesen. In den weiten Wiesen findet man idyllisch gelegene Gehölzinseln und im Gras wächst die Kleine Traubenhyazinthe, hier Kohlraisle genannt.

In den Hülenbuchwiesen findet man eine parkartige Landschaft.

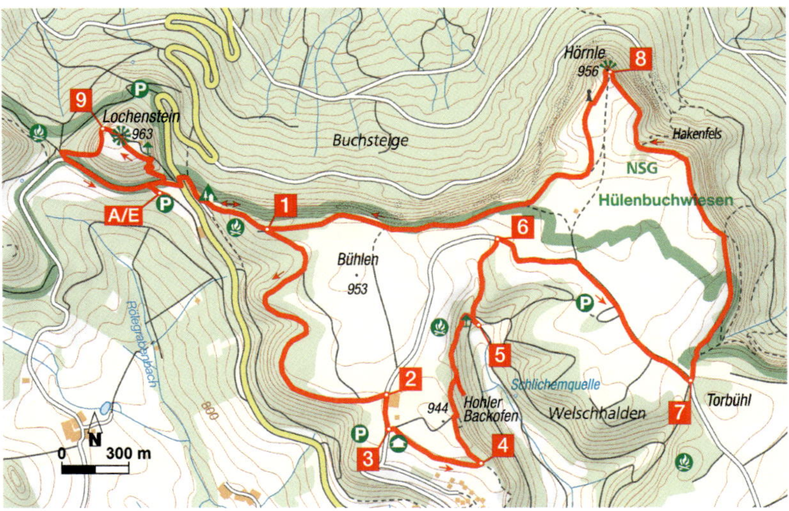

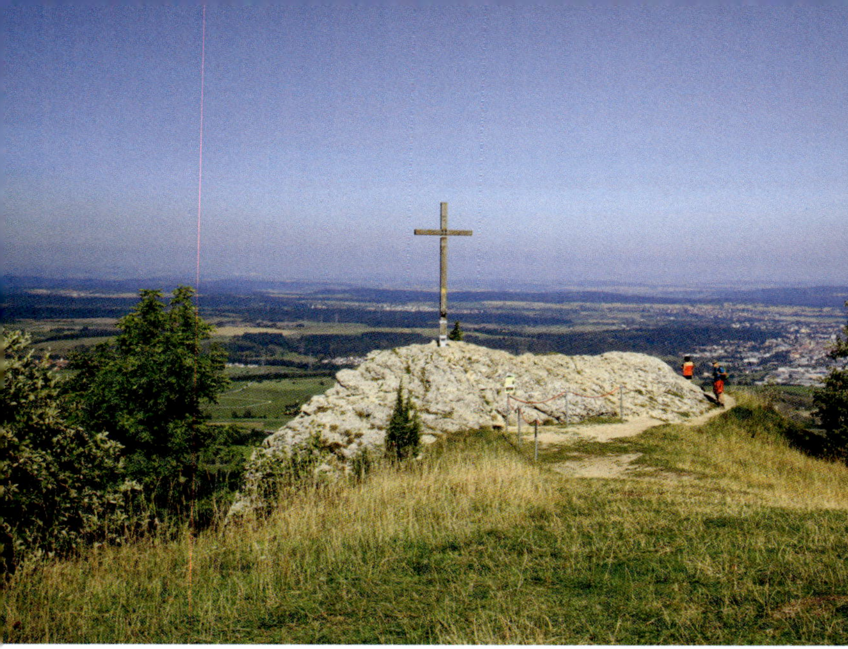

Der Lochenstein trägt als einer der wenigen Gipfel der Schwäbischen Alb ein Gipfelkreuz.

Im Wald biegen wir vor dem **Steilabfall** 4 links ab. Bald geht es vorbei an einer links liegenden Weidefläche mit weiter Aussicht, danach kommen wir wieder in den Wald. Dort folgen wir dem nach rechts weisenden Schild zum »Hohlen Backofen«. Wir spazieren hinab zu einer Verzweigung. Nach links führt unser Weg zur »Schlichenquelle« weiter, nach rechts können wir kurz, aber steil hinab zu der Höhle Hohler Backofen wandern. Danach folgen wir dem bald abwärts führenden Pfad.

An einem Forstweg, einer Schutzhütte und dem Schild Bei der Schlichemquelle (889 m) halten wir uns links. Gleich danach zweigen wir links ab auf den ansteigenden Weg in Richtung »Hörnle«; zuerst können wir aber über die Wiese nach rechts zur **Schlichemquelle** 5 marschieren.

Die auf 860 Meter Höhe oberhalb von Tieringen in der Nähe der Europäischen Wasserscheide entspringende Schlichem ist ein rechter Nebenfluss des Ne-

ckars. Nach 33 Kilometern mündet sie bei Epfendorf (570 m) in diesen, nachdem sie noch durch die beeindruckende Schlichemklamm geflossen ist. Auf ihrem Lauf durchquert oder streift sie unter anderem Tieringen, Hausen am Tann und Schömberg. Bei Schömberg ist sie zu einem beliebten Badesee aufgestaut.
Danach folgen wir dem ansteigenden Weg. Nach dem Wald halten wir uns rechts und stoßen auf das Schild **Auf der Egg** (933 m) 6. Ab jetzt wandern wir eine Weile durch die Hülenbuchwiesen.
Am Schild **vor dem Tor** (949 m) weist zwar der Wegweiser nach links zum »Hörnle«, wir gehen aber nach rechts weiter. Nach dem Wanderparkplatz Hörnle (947 m) erreichen wir den Waldrand. Hier biegen wir am Schild **Auf Welschhalden** (927 m) 7 links ab in Richtung »Bannwald Untereck Hakenfels Hörnle«. Gleich darauf sind wir in dem genannten Bannwald. Wir folgen immer dem abwechselnd ansteigenden und abfallenden Pfad, passieren das Schild Auf der

Rast am Hörnle

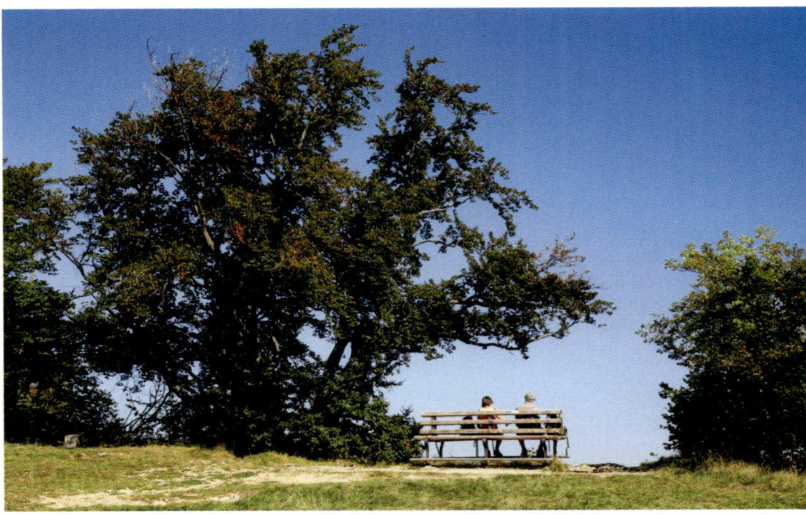

Untereck (919 m), einen Grenzstein von 1837, einige Aussichtsfelsen mit prächtiger Sicht hinab ins Eyach- und ins Schmeietal, das Schild Hakendeich (915 m) sowie den Hakenfelsen und gelangen schließlich zum **Hörnle** (956 m) 8.

Hier an diesem Aussichtsbalkon gibt es einige Bänke, auf denen man sich erholen kann. Dann biegen wir links ab, halten uns aber gleich am Schild Beim Hörnle (950 m) rechts. Kurz darauf kommen wir am Gefallenendenkmal der 4. Gebirgsdivision vorbei.

Nun wandern wir wieder durch die Hülenbuchwiesen, vorbei am Schild Hülenbuch West (950 m), und kommen zum Aussichtspunkt Schinderlucke (950 m). Danach geht es wieder durch den Wald. Ab dem **Druckregler** 1 kennen wir den Weg: Wir steigen hinab zur Jugendherberge und gehen über die Straße zum Parkplatz.

Naturschutzgebiet Schafberg-Lochenstein

Das Naturschutzgebiet Schafberg-Lochenstein ist 102 Hektar groß. Es wurde wegen seiner abwechslungsreichen Landschaft mit den dazugehörigen Lebensräumen unter Schutz gestellt. Man findet Felsen und Kuppen mit einer subalpinen Vegetation, durch Schafbeweidung entstandene Wacholderheiden mit den dafür charakteristischen Pflanzen und naturnahe Hangwälder. Der Lochenstein selbst ist eine der markantesten Erhebungen der Gegend. Nach Norden und Westen fällt der beeindruckende Schwammstotzen 70 Meter senkrecht ab. Es ist einer der wenigen Felsen der Schwäbischen Alb, der ein Gipfelkreuz trägt. Der herrliche Felskoloss war eine altgermanische Kultstätte, also eine frühgeschichtliche Opferstätte. Auch soll hier im 4. Jahrhundert eine alamannische Ringburg gestanden haben und vor über 4000 Jahren sogar ein Dorf mit festen Holzbauten. Die Funde reichen jedoch noch viel weiter zurück – bis in die Jungsteinzeit.

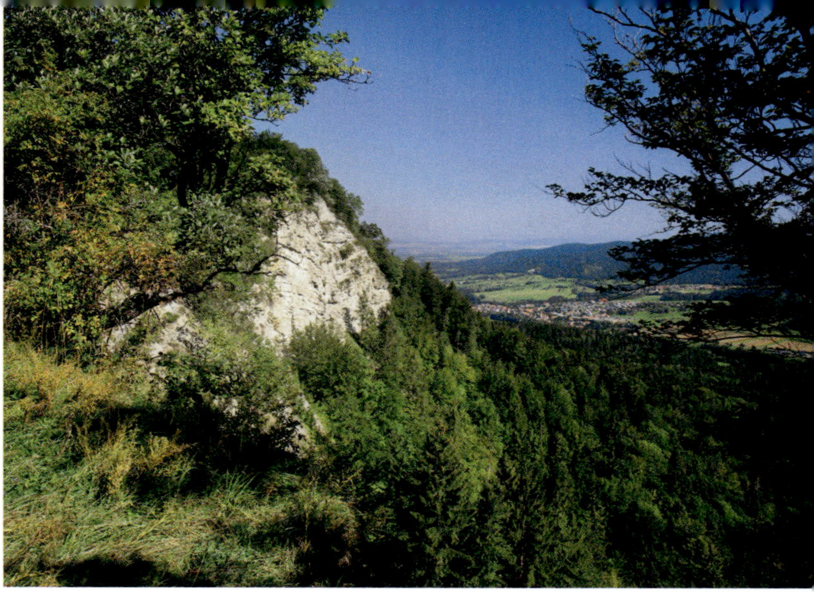

Auf dem Weg zum Hörnle bietet sich dieser Blick durch das Eyachtal ins Albvorland.

Wer noch Kondition hat, sollte hinauf zum Lochenstein steigen. Dazu zweigt man am Schild Wanderparkplatz Lochenstein (885 m) rechts ab. Nun geht es steil bergauf. Wer nicht so trittsicher ist, sollte sich den Anstiegsweg gut ansehen – der beschriebene Rückweg ist schwieriger. Wer sich nicht sicher ist, geht auf dem Anstiegsweg wieder zurück. Vorbei an der kleinen Lochenhütte des Schwäbischen Albvereins erreichen wir schließlich den **Lochenstein** (963 m) 9, einen der wenigen Felsen mit einem Gipfelkreuz auf der Schwäbischen Alb.

Danach wandern wir entweder auf dem Anstiegsweg zurück oder – »nur für geübte Wanderer« – am rechten Steilabfall in Richtung »Gespaltener Fels« zu der Metallplatte, auf der die Aussicht eingraviert ist. Anschließend kommen wir in den Wald. Nun beginnt ein ausnehmend steiles Wegstück mit fast alpinem Charakter. Unten steht das Schild Lochenstein West (870 m). Nach links gehen wir nun durch eine prächtige Baumallee in wenigen Minuten zurück zum Ausgangspunkt.

2 Höhlen und Flussidylle

Eine Ruine am Wegesrand

Mittel | 10 km | 140 Hm | 2.30 Std.

Tourencharakter: Wir wandern auf festen Wegen und Pfaden. Der Teil der Wegstrecke zwischen Veringendorf und Schelmentäle durch die Felder bis zum Waldrand, wo man links abknickt, war bei Recherche der Tour noch nicht digital hinterlegt.

Tourenverlauf: Veringenstadt – Göpfelsteinhöhle – Laucherttal – Veringendorf – Wasserfall – über die Felder – Nikolaushöhle – Mühlberger Höhle – Veringenstadt

Ausgangspunkt: Veringenstadt, Parkmöglichkeiten findet man in der Inneringer Straße und der Lauchertstraße, GPS-Koordinaten: 48.178113, 9.213942

Anfahrt: Auf der B 27, B297, B 312 und B 313 über Reutlingen, Pfullingen, Engstingen und Gammertingen nach Veringenstadt; ÖPNV: Bahn bis Reutlingen, Tübingen oder Sigmaringen, dann mit dem Bus; Info: www.efa-bw.de

Einkehr: Veringenstadt

Karte: Freizeitkarte F526 Sigmaringen (LGL)

Diese Wanderung bietet mehrere Besonderheiten. Da sind zuerst einmal die vielen Höhlen in Veringenstadt, die wir am Anfang und am Schluss besuchen. Dazwischen wandern wir durch das naturbelassene Laucherttal, das mit seinen Flussmäandern eines der schönsten auf der Schwäbischen Alb ist. In Veringendorf erwarten uns eine Kirche mit sehenswerten Fresken und ein Wasserfall.

An der Kreuzung der Straßen Im Städtle, Lauchertstraße, Inneringerstraße und Kirchberg folgen wir am Strübhaus der Straße Kirchberg aufwärts. Das

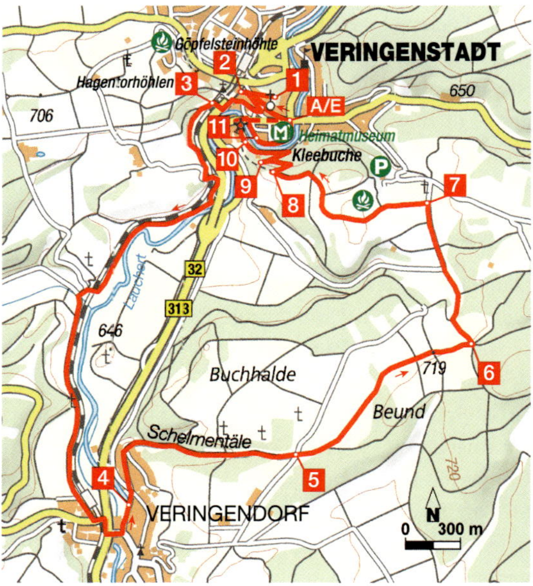

Wanderzeichen gelbe Gabel bringt uns zur Kirche. An ihrem Eingang wählen wir den rechts abgehenden Pfad in Richtung »Burgkapelle«. Nach weiterem Anstieg kommen wir zum Schild Veringenstadt Abzweig Burgruine (662 m). Hier gehen wir später geradeaus weiter, zuerst aber nach rechts hinauf zur **Burgruine** ❶. Danach wandern wir bergab, vorbei am Wanderschild und bis zur Straße Burgweg. Diese überqueren wir am Schild Burgweg (653 m) und gehen etwas abwärts zur **Göpfelsteinhöhle** ❷.

Burg Veringen

Die Burg Veringen (ca. 675 m) wurde Anfang des 12. Jahrhunderts von den damals bedeutenden Grafen von Veringen erbaut. Sie hatten sogar Zugang zu den Königen, später verarmten sie jedoch, und über Heinrich wurde gar die Reichsacht verhängt. Die Burg wurde 1633 von den Schweden zerstört. Heute sind noch größere Reste der Buckelquaderburg mit Mauern und des Wohnturms sowie die Burgkapelle erhalten.

Wir spazieren anschließend wieder hinauf zum Burgweg und biegen rechts ab. Es geht nun etwas

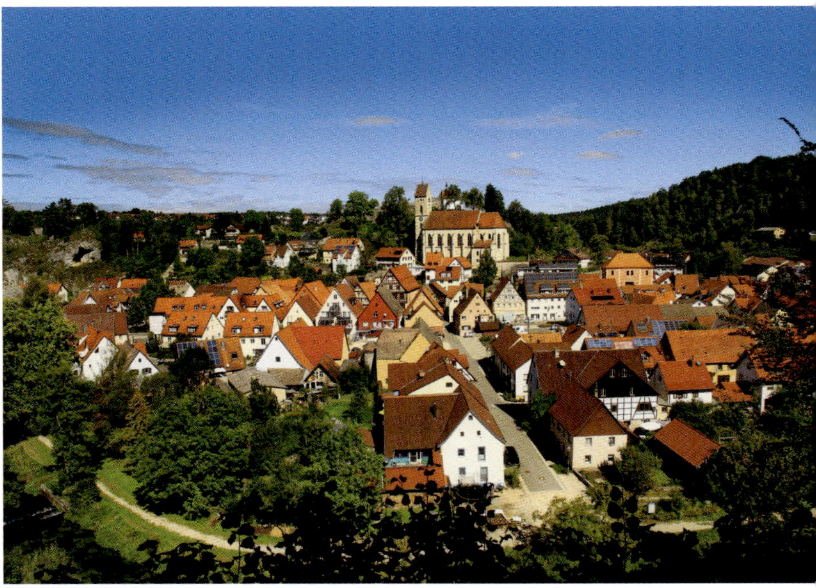

Blick von der Nikolaushöhle auf Veringenstadt

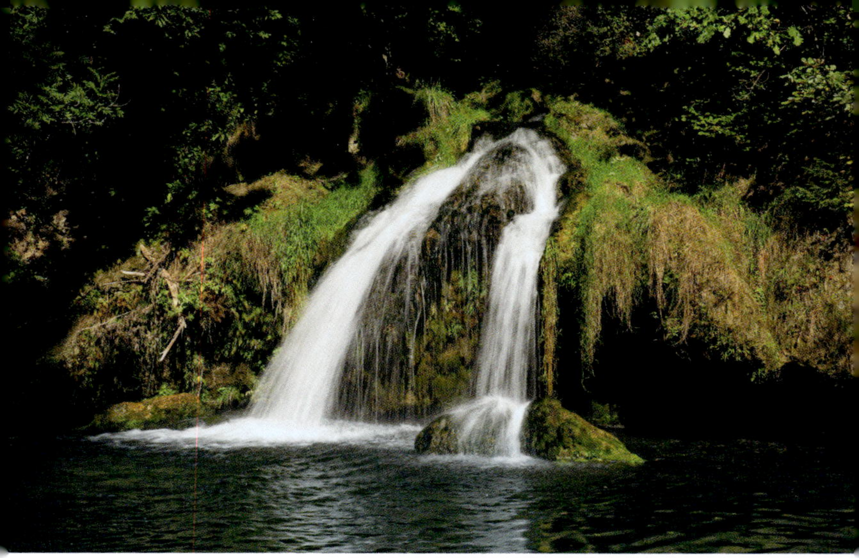

Der Wasserfall Gieß bei Veringendorf ist einer der wenigen seiner Art auf der Schwäbischen Alb.

bergab, dann folgen wir vor dem Fachwerkhaus dem rechts abzweigenden schmalen Weg, der uns hinab zur Höllgasse bringt. Hier halten wir uns rechts. Am Schild Höllgasse (631 m) folgen wir geradeaus dem

Göpfelsteinhöhle

Die Veringenstadter Höhlen wurden ab 1862 erforscht. Dabei hat man Relikte sowohl des Neandertalers als auch des anatomischen Vorgängers des heutigen Menschen gefunden, die beide in etwa derselben Zeit lebten. Die insgesamt 15 Meter lange Göpfelsteinhöhle (660 m) liegt rechts der Lauter im Oberen Massenkalk des Oberjura. Sie besitzt einen rund 50 m² großen Vorplatz und ein mächtiges Portal, dann verengt sie sich auf etwa drei Meter. Danach folgt ein sechs Meter langer zweistöckiger Raum. In der Höhle fand man Stein- und Knochenwerkzeuge sowie Tonscherben aus dem Mittel- und Jungpaläothikum, außerdem eine Münze des Kaisers Antoninus Pius (138–161 n. Chr.). Die Relikte des Neandertalers wurden in den tieferen Schichten der Höhle gefunden. Mammutreste weisen darauf hin, dass es seinerzeit kühler war als heute. In der letzten Eiszeit wurde die Höhle von der Höhlenhyäne bewohnt.

Hagentorweg, jetzt mit dem Zeichen gelbes Dreieck. Etwas später queren wir die Bahnlinie und kommen zu den **Hagentorhöhlen** ❸.
Danach folgen wir dem Feldweg weiter. Es geht am Schild Hagentorweg (634 m) vorbei, und bald erreichen wir ein querendes Sträßchen. Auf diesem wandern wir nach links ins Laucherttal. Wo die Straße am Schild Auberg (630 m) nach links zur Straßenbrücke zieht, spazieren wir geradeaus weiter, nun parallel zur Bahnlinie.
Das Laucherttal mit dem mäandernden Fluss zeigt uns jetzt immer wieder idyllische Stellen. Später überqueren wir die Bahnlinie, danach kommen wir an den Schildern Büttnaumündung (629 m) und zweimal Büttnaustraße Nord (628 m) vorbei. Nach dem Schild Veringendorf Bahnhof (627 m) erreichen wir die ersten Häuser von Veringendorf. Wir überqueren nach Haus Nr. 1 die B 313, gehen links am Rathaus vorbei und überqueren die Lauchert. Am danach folgenden Fachwerkhaus biegen wir am Schild Veringendorf Oberdorf (625 m) links ab in die Straße Oberdorf. Nach dem Fachwerkhaus sehen wir links schon hinab zum **Veringendorfer Wasserfall Gieß** ❹, an Haus Nr. 28 kann man zu ihm hinabgehen.
Wieder oben halten wir uns links, überqueren die Lauchert und wählen an der Kreuzung die zweite Straße nach links (Rettichsberg). Ab jetzt steigt es wieder an. Wo vor dem letzten Haus die Straße als Sackgasse nach rechts abknickt, gehen wir geradeaus weiter in den Wald. Nun wandern wir durch das Schelmentäle.

Große Hagentorhöhle

Die geräumige Große Hagentorhöhle hat ihren Namen vom ehemaligen Hagentor. Ihr zweiter Name, Brechsteinhöhle, bezieht sich auf die einst hier stehende Flachsbreche. Der große Eingang ist 15 Meter breit und sieben Meter hoch. Die beiden Eingänge, die in sie hineinführen, treffen sich innen wieder. Rechts im Höhleneingang findet man nach einer Stufe eine kleine Kammer, die sich über der Kleinen Hagentorhöhle befindet; diese liegt ein paar Meter östlich der Großen Hagentorhöhle. Ihr zweiter Name, Kellerhöhle, bezieht sich darauf, dass ihr Eingang ursprünglich vermauert und mit einem Tor gesichert war.

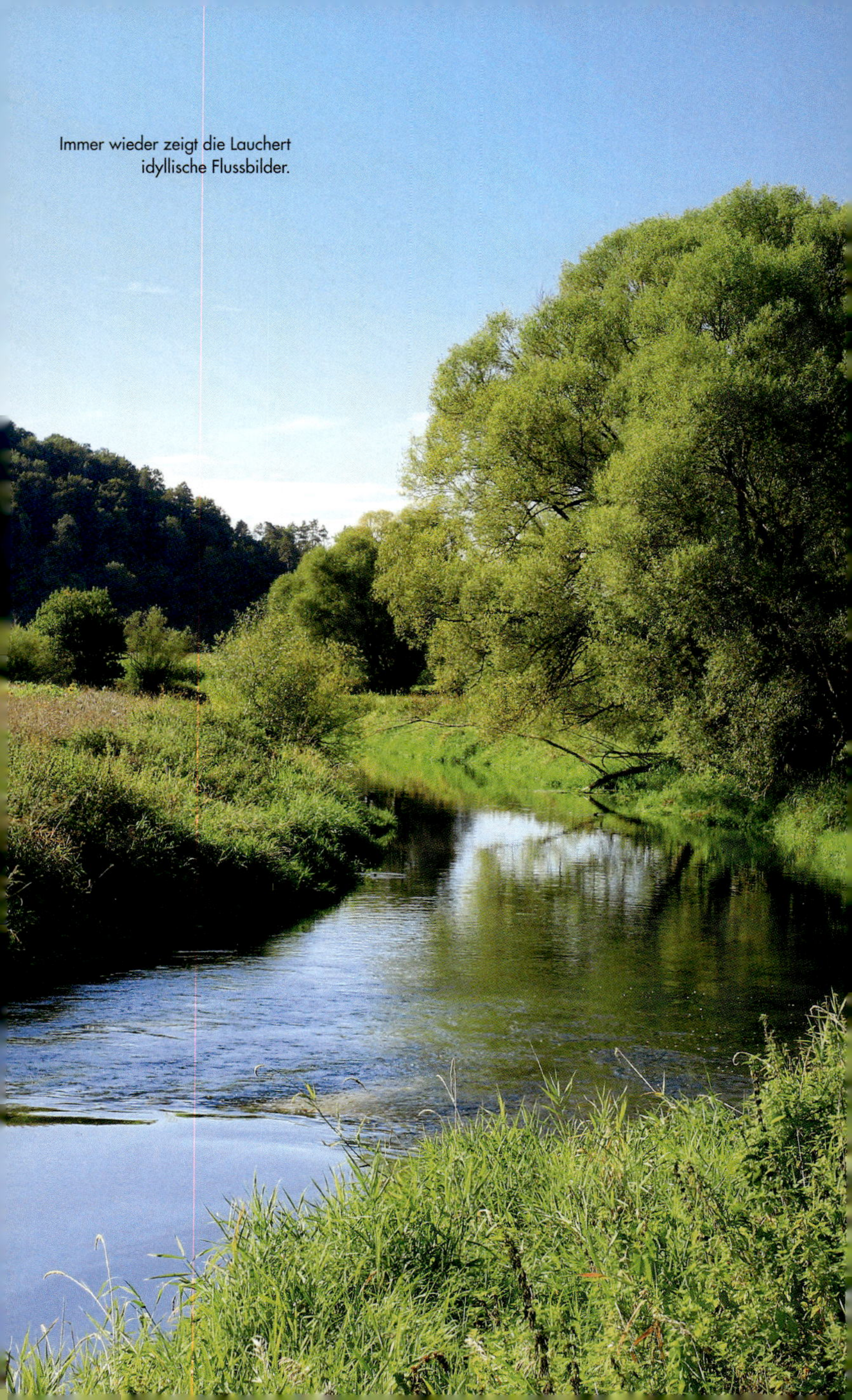

Immer wieder zeigt die Lauchert idyllische Flussbilder.

Bei den links abgehenden Wegen bleiben wir rechts auf dem Asphaltweg. Nach dem Wald gehen wir an einer **Kreuzung** 5 geradeaus weiter. Ab hier war zur Zeit der Recherche der beschriebene Weg bis zum **Waldrand** 6 nicht auf digitalen Kartenwerken verzeichnet. Wir kommen zwischen Waldrand und Feldern bis vor einen quer zu unserem Weg verlaufenden Wald. Hier biegen wir links ab. An der nächsten Verzweigung halten wir uns rechts. Es geht etwas bergab, dann wieder bergauf. Nach der Kuppe, wo der Weg wieder leicht fällt, biegen wir links ab 7. Jetzt folgen wir dem Rundwegzeichen.

Der Weg schlängelt sich durch Felder und bringt uns zum Waldrand, wo wir nach links weitergehen. Am Schild **Bei der Kleebuche** 8 (687 m) biegen wir rechts ab in den Wald. Wer möchte, kann aber noch kurz geradeaus weitergehen zu der seltsam geformten Kiefer, hinter der wir den Aussichtspunkt Mühlberg entdecken.

Blick aus dem Portal der Göpfelsteinhöhle hinab ins Laucherttal

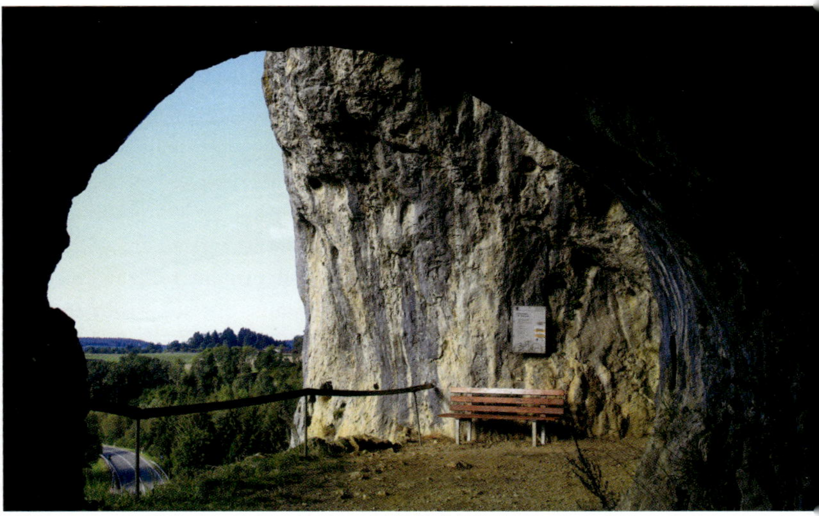

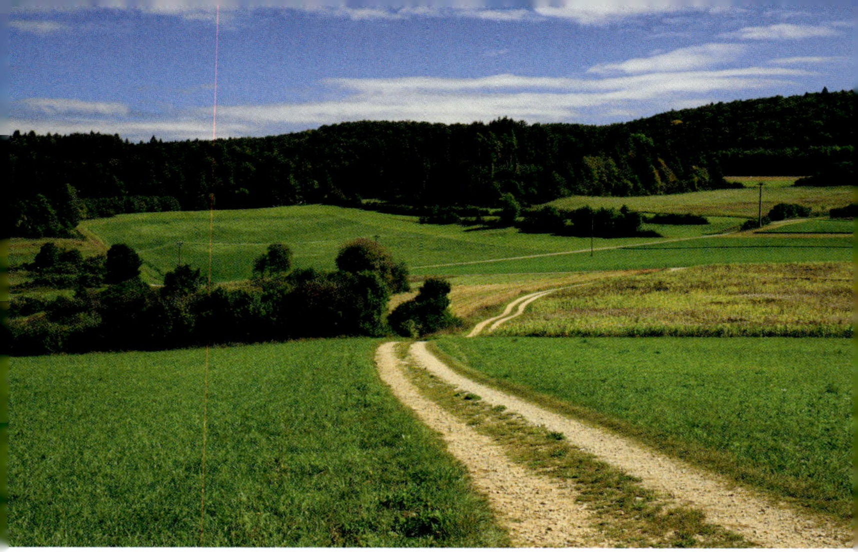

Typische Landschaft auf der Albhochfläche mit Wäldern, Hecken, Wiesen und Feldern

Ansonsten marschieren wir im Wald bergab. An einem querenden Weg führt unser Weg zwar rechts weiter, nach links sollten wir aber einen kurzen Abstecher zur **Nikolaushöhle** 9 machen. Danach folgen wir dem Pfad hinab ins Laucherttal. Wir halten uns links und kommen zur **Mühlberger Höhle** 10.

Der Eingang der Mühlberger Höhle ist 5,5 Meter breit und vier Meter hoch. Nach dem Eingang kommt man zu einer großen Vorhalle mit einer Länge von acht Metern und einer Breite von sechs Metern; die Höhe beträgt im Durchschnitt vier Meter. Sie ist mit einem Gitter verschlossen, um die in ihr wohnenden Fledermäuse zu schützen. Im Eingangsbereich sind interessante Informationstafeln zur Frühgeschichte angebracht, außerdem sieht man hier die Skulptur eines Höhlenbären

An der querenden Straße Unterstadt sehen wir eine beeindruckende

Funde in der Nikolaushöhle/Bärenhöhle

In der 52 Meter langen, bis zu zwölf Meter breiten und sechs Meter hohen Nikolaushöhle/Bärenhöhle (670 m), die vierzig Meter über der Talsohle liegt, fand man Stein- und Knochenwerkzeuge und Tonscherben aus der Alt- und Jungsteinzeit, der Bronze-, Eisen-, Römer- und Völkerwanderungszeit sowie zahlreiche Reste von Tieren. Insbesondere in der letzten Eiszeit wurde die Höhle von Bären zum Winterschlaf aufgesucht. Von ihr aus hat man einen wunderbaren Blick auf Veringenstadt.

Skulptur eines Urmenschen, dahinter entdecken wir auf der Höhe die Göpfelsteinhöhle. Wir überqueren die Lauchert nach rechts. Nun haben wir zwei Möglichkeiten: Wir können entweder durch die Straße Im Städtle durch das Ortszentrum zurückgehen oder wir gehen nach der Brücke hinab zur Lauchert. Dort folgen wir dem Uferpfad »**Lebendige Lauchert**« 11, der uns am Fluss entlang im Halbkreis um das alte Zentrum herumführt und uns ebenfalls zum Ausgangspunkt zurückbringt.

Interessant ist es aber auch, sich ein wenig im Zentrum von Veringenstadt umzusehen. Der Ort wurde von den Alamannen gegründet und 786 in einer Schenkungsurkunde des Klosters Lorch erstmals erwähnt. 1250 wurde er zur Stadt erhoben. Man sieht einige alte Fachwerkhäuser, beispielsweise das Rathaus von 1500, welches das älteste Rathaus Hohenzollerns ist. Die 1862 von Josef Laur erbaute Kirche in Veringenstadt besitzt noch einen spätromanischen Turm aus dem 13. Jahrhundert, innen sieht man zahlreiche Skulpturen, die teilweise der Werkstatt des Niklaus Weckmann (um 1520) zugeschrieben werden, und eine spätgotische Sakramentsnische. Das Strübhaus war 1536 das Wohnhaus des Malers Peter Strüb d.J. (vermutlich der sog. Meister von Sigmaringen). Es gibt ein interessantes Heimatmuseum.

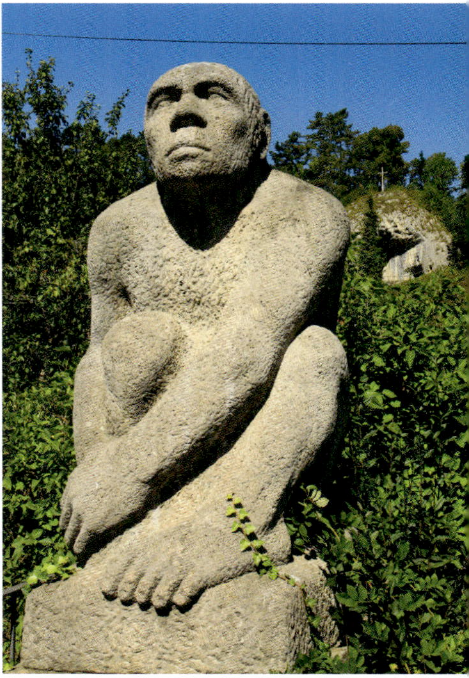

Skulptur eines Urmenschen in Veringenstadt. Im Hintergrund sieht man den Eingang der Göpfelsteinhöhle.

3 Aussichtstour knapp unter tausend Metern

Zwischen Segelflugplatz und Wallfahrtskirche

Leicht | 7 km | 110 Hm | 2 Std.

Tourenverlauf: Spaichingen/Dreifaltigkeitsberg – Schrofen – Kreuzsteige – Klippeneck – Waldrand – Schrofen – Dreifaltigkeitsberg

Ausgangspunkt: Spaichingen, Dreifaltigkeitsberg, GPS-Koordinaten: 48.083579, 8.761130

Anfahrt: A 81 bis Ausfahrt Rottweil, weiter auf der B 462, B 14 und B 27 vorbei an Rottweil nach Spaichingen. Ausweichparkplätze gibt es am Klippeneck; ÖPNV: Bahn bis Spaichingen, dann Wanderbus zum Klippeneck; Info: www.tuticket.de, www.efa-bw.de

Einkehr: Dreifaltigkeitsberg, Klippeneck; Grillmöglichkeiten: Kreuzsteige und vor Klippeneck

Karte: Freizeitkarte 507 Villingen-Schwenningen (LGL)

Bei dieser Wanderung, eigentlich eher ein Spaziergang, kratzen wir an der Tausendergrenze. Es geht am Trauf entlang bis zum Segelflugplatz am Klippeneck. Dabei hat man die Wahl zwischen einem geschotterten Waldweg oder zeitweise einem Naturpfad, der dafür an Aussichtspunkten vorbeiführt.

Man kann vor oder nach der Tour zur Wallfahrtskirche gehen, indem man der Zufahrtsstraße noch ein wenig folgt. Beschrieben ist diese Tour aber direkt ab dem Parkplatz. Von dort aus gehen wir zur Kurve der Straße, wo ein breiter Forstweg zum Klippeneck abgeht. Wir kommen am Schild Drachenflugplatz (973 m) vorbei, danach am **Startplatz** ❶ selbst.
Etwas später kann man, wenn man auf einem Pfad wandern und an Aussichtspunkten vorbeikommen will, mit den Wanderzeichen links abzweigen. Dies wiederholt sich noch zwei Mal. Der Pfad mündet später wieder in den breiten Weg.
Bald darauf kommen wir zum Schild **Schrofen** (793 m) ❷. Hier halten wir uns links in Richtung »Klippeneck«. An einer Verzweigung können wir den geradeaus weiterführenden, aber steil abfallenden Weg umgehen, indem wir uns mit den verschiedenen Wanderzeichen rechts halten ❸. Nach einem Linksknick des Weges treffen wir wieder auf den ursprünglichen Weg.
An der Verzweigung mit dem altertümlichen gusseisernen Wanderzeichen bleiben wir links und kommen zum Schild **Kreuzsteige** (979 m) ❹ mit einer Schutzhütte und einer Grillstelle. Auch hier hat man

wieder eine prächtige Aussicht ins Vorland, dazu noch zum Thyssen-Testturm in Rottweil.

Anschließend können wir wieder entweder auf dem breiten Forstweg gehen oder links davon, auf einem Pfad am Trauf entlang. Vorbei an einem Kreuz kommen wir zum Waldrand, wo es einen weiteren Rastplatz mit einer Grillstelle gibt.

Danach können wir entweder links am Trauf entlang über die Wiese mit der Wacholderheide wandern oder rechts auf dem breiten Weg entlang des Flugplatzes. Am Parkplatz **Klippeneck** 5 sollten wir nach links zum Trauf gehen. Dort finden wir eine Art geologische Pyramide, die mit zahlreichen Versteinerungen der Schwäbischen Alb geschmückt ist, sowie eine Informationstafel.

Zurück folgen wir nach dem Schild Klippeneck (972 m) dem breiten Weg am Flugplatz entlang. Wir kommen an den Schildern Heuberger Wasen (970 m) und beim Heuberger

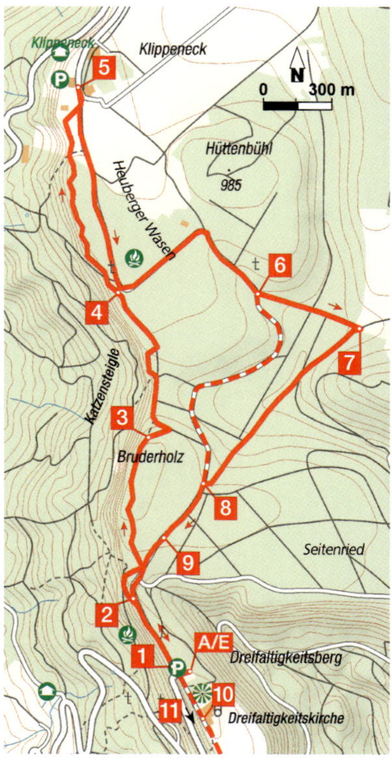

Tourencharakter

Man kann entweder auf breiten geschotterten Wegen wandern oder streckenweise auf Naturpfaden. Von Letzteren hat man immer wieder eine schöne Aussicht. Geht man von der Wallfahrtskirche auf dem Dreifaltigkeitsberg zum Aussichtspunkt Auf dem Balgen, steigt man auf einem steilen Pfad auf und ab. Man benötigt etwa eine halbe Stunde für den Abstecher, zu bewältigen sind 60 Höhenmeter. Bei der Kirche am Dreifaltigkeitsberg gibt es eine Krippenausstellung.

Wasen (971 m) vorbei, dann wandern wir im Wald bis zum bekannten Schild **Kreuzsteige** 4.
Hier haben wir drei Möglichkeiten: Wir können auf dem breiten Forstweg oder – wie auf dem Hinweg – auf den Pfaden am Trauf entlang zurückgehen. Alternativ biegen wir am Wanderschild links ab. Dabei knickt nach einer links liegenden Hütte der Weg links ab. Nach ein paar Minuten sehen wir links ein **Steinkreuz** 6 von 1959. An der Verzweigung danach können wir entweder dem rechten Weg folgen oder die Tour etwas verlängern. Dazu halten wir uns links und wandern bis zum **Waldrand** 7. Dort biegen wir rechts ab. Es geht leicht abwärts bis zu einer Kreuzung mit dem Schild **Birental Nord** (929 m) 8.
Hier gehen wir auf dem schmalen Pfad geradeaus weiter. Es steigt leicht an, dann treffen wir am Schild Bruderkreuz (972 m) auf einen breiten Weg, dem wir geradeaus folgen. Bald liegt links eine Steingruppe,

Dreifaltigkeitsberg

Der dicht bewaldete Dreifaltigkeitsberg ist der höchste bewohnte Berg der Schwäbischen Alb – und das bereits seit der Jungsteinzeit. Erst befand sich hier eine Kultstätte, später – während der Urnenfelder- und der frühen Latènezeit – war der Berg dichter besiedelt und befestigt. Etwa ab dem 8. Jahrhundert wurde er erneut befestigt. Er gehört zu den prächtigsten Aussichtsbergen der Schwäbischen Alb. Von hier sieht man weit über die Baar und den Heuberg. Im Westen erkennt man hinter Spaichingen einige der Gipfel des Hegaus und dahinter den Schwarzwald. Im Norden stehen der Lemberg, der Hochberg und die Kuppe des Oberhohenbergs. Hat man etwas Glück, sieht man die Alpen vom Karwendel bis zum Montblanc, über Dürbheim die Silvretta und den Säntis. Über dem Zundelberg liegen die Riesen des Berner Oberlandes, Wetterhorn, Pilatus, Eiger und Jungfrau.

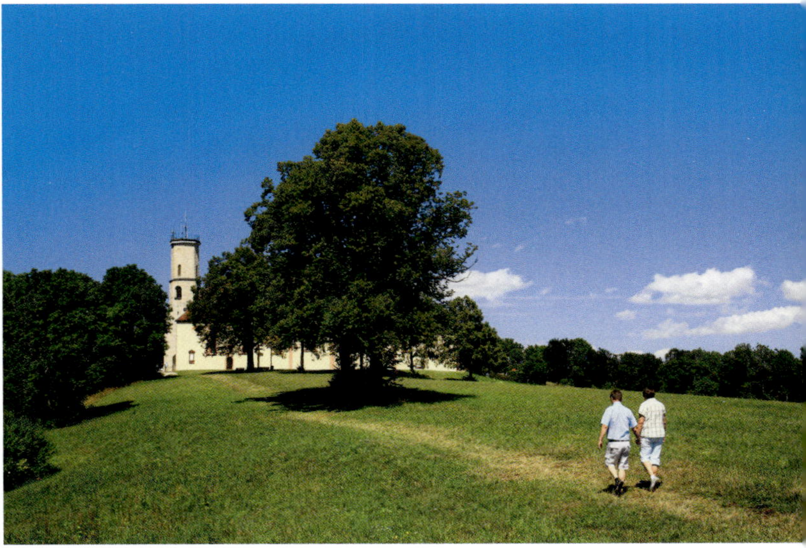

Die Wallfahrtskirche auf dem Dreifaltigkeitsberg besitzt nicht nur eine sehenswerte Einrichtung, sondern auch die Umgebung hat viel zu bieten – zum Beispiel weite Aussichten ins Tal und ins Albvorland.

die die Europäische Wasserscheide markiert. Auch eine Beschreibung dazu finden wir 9. Etwas später kommen wir zum bekannten Schild **Schrofen** 2. Nach links gehen wir jetzt in wenigen Minuten zurück zum Parkplatz. Nun haben wir Zeit, die **Kirche** 10 zu besuchen oder einzukehren. Vielleicht hat auch die Krippenausstellung geöffnet.

Die Wallfahrtskirche ist die Nachfolgerin einer spätgotischen Kirche aus der Zeit von 1660 bis 1669. Ihr Rokoko-Hochaltar wurde von Josef Anton Feuchtmayer erschaffen, und es heißt, dass »… dergleichen schwerlich wird gesehen worden sein.«

Wer gut zu Fuß ist, kann noch den Aussichtspunkt **Auf dem Balgen** 11 aufsuchen, der direkt über Balgheim liegt. Man folgt dazu hinter der Kirche dem Pfad durch die Wiese. Später im Wald geht es auf einem wurzeligen Pfad steil hinab. Danach wandern wir auf demselben Weg wieder zurück.

4 Alter Schäferweg

Höhepunkt ist eine rosa Kapelle

Schwer | 13 km | 400 Hm | 4.30 Std.

Tourencharakter: Überwiegend Naturwege. Einzelne Stellen am Steilhang sind mit Drahtseil gesichert. Bei Nässe, Eis und Schnee ist die Tour nicht zu empfehlen.

Tourenverlauf: Lippachmühle – Mahlstetten – Kläranlage – Schäfertal – Schäferbrunnen – Böttingen – Alter Berg – Schäferbrunnen – Allenspacher Hof – Lippachmühle

Ausgangspunkt: Mahlstetten (Lippachmühle, an der K5900), GPS-Koordinaten: 48.078668, 8.843615

Anfahrt: A 81 bis Rottweil, weiter auf der 462, B 14, B 27 über Gosheim und Böttingen nach Mahlstetten; ÖPNV: Bahn bis Spaichingen dann Bus nach Böttingen; Bahn über Rottweil nach Aldingen, dann Bus, Info: www.efa-bw.de

Einkehr: Lippachmühle

Karte: Freizeitkarte F 507 Villingen-Schwenningen (LGL

Informationen: www.donau-wellen.de, www.donaubergland.de

Dieser Premiumwanderweg bietet mit seinem Auf und Ab eine abwechslungsreiche Landschaft: Man wandert durch das Schäfertal und das Lippachtal – beides sind Seitentäler der Donau –, durch Wald, an Steilhängen entlang, über naturnahe Wiesen mit Blumen und kommt zu der liebenswerten rosa gestrichenen Kapelle auf dem Alten Berg.

Wir gehen von einem der Parkplätze bei der Lippachmühle zur K 5900 und halten uns mit dem Zeichen rechts in den Wald. Nun steigt die Strecke an, erst über die Wiese, dann im Wald. An einem querenden Weg wenden wir uns nach links und kommen wieder zu der Wiese, die sich hier als Schneise entpuppt. An ihrem Ende hat man zwei Möglichkeiten: Der beschilderte Weg zweigt links ab, zieht im Wald nach rechts und bringt uns zum Schild **Mühlsteige** (849 m) ❶. Geht man in der Schneise geradeaus weiter den Berg hinauf, kommt man, nun etwas steiler, ebenfalls zu diesem Schild. Wer vom Parkplatz Erlebniswald kommt, steigt hier in den Premiumwanderweg ein.

Wir folgen, von unten her gesehen, dem Schild nach rechts in den Wald. Nun wandern wir auf einem schmalen Steig. Teilweise kommen wir am Steilabfall vorbei, diese Stellen sind durch Stahlseile entschärft. An der Kläranlage zieht der Weg nach rechts, kurz danach passieren wir eine ausnehmend glatte Felswand. Wir folgen den Zeichen bis zu einem querenden Weg beim Schild **Mühlbol** (879 m) ❷.

Hier biegen wir rechts ab in den Forstweg. Etwas später werden wir nach rechts auf einen schmalen

Pfad ❸ verwiesen, der ziemlich steil hinab zum Schild Schäfertal Mitte (834 m) führt. Wir zweigen links ab und wandern auf dem Forstweg gemütlich bis zum **Schäferbrunnen** (851 m) ❹.
Am Schäferbrunnen sprudelt in einer schönen Anlage die Grauentalquelle. Sie versorgte 1911 bis 1958 die Bevölkerung von Böttingen mit Wasser. Am rechts abgehenden Weg liegen ein Feuchtbiotop, ein Springbrunnen und ein Rastplatz. Ein älteres Relief zeigt

Achtung beim Wegverlauf

Der Premiumwanderweg beginnt offiziell am Parkplatz Erlebniswald am südwestlichen Ende von Mahlstetten, bevor die Straße zur Lippachmühle abfällt. Von dort aus folgt man der Beschilderung zum Premiumwanderweg. Man geht hierzu auf dem Anfahrtsweg zurück zur K5900, auf ihrer anderen Seite durch den Parkplatz nach rechts und an dessen Ende auf dem schmalen Weg nach links in eine Wiesenschneise. Hier hält man sich rechts bis zum Schild Mühlsteige (849 m). Dort weist das Zeichen des Premiumwanderwegs nach links, ihm folgen wir nun. Nach der Tour geht man diese Strecke wieder zurück zum Parkplatz. Hier ist allerdings der Weg ab der Lippachmühle beschrieben, weil man dann einen größeren Anstieg gleich zu Anfang bewältigen kann, der einem am Ende der Tour eher schwer fallen würde. Ausweichparkplätze sind Lippachmühle, Erlebniswald, die Parkplätze in Böttingen (Färberstraße und beim Rathaus) sowie zwei Parkplätze unterhalb des Alten Berges. Wem die Tour zu lang ist, der kann sie zweiteilen. Einmal wandert man dann zwischen Lippachmühle und Schäferbrunnen, der zweite Teil verläuft zwischen Altem Berg und Schäferbrunnen.
Für Wanderer, die normalerweise mit dem GPS-Gerät unterwegs sind: Da diese Tour teilweise auf Wegen verläuft, die nicht in der bestehenden Kartografie enthalten sind, stimmen die GPS-Daten nicht immer mit dem Wegverlauf des markierten Premiumwanderwegs überein. Es wird empfohlen, sich an solchen Stellen an der Beschreibung im Text zu orientieren.

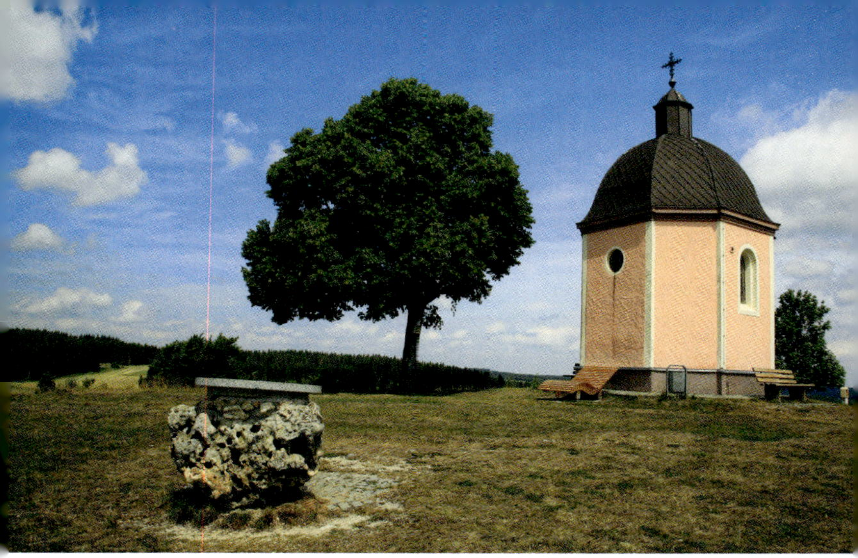

Mit ihrem rosafarbenen Anstrich bildet die kleine Kapelle auf dem Alten Berg eine schöne Landmarke.

ein Thema, das derzeit wieder hochaktuell ist: Ein Schäfer verteidigt nur mit seinem Stock seine hinter ihm Schutz suchende Herde gegen eine Meute wilder Wölfe, die anscheinend schon ein Schaf gerissen haben. Diese Wanderung besteht im Grunde aus zwei kleineren Teilen: Wer nur die Runde ab der Lippachmühle gehen will, der folgt hier dem rechts zum Rastplatz abgehenden Weg zurück zur Mühle (in dieser Tour ab Punkt 12 als Rückweg beschrieben). Wer am Alten Berg gestartet ist und nur den nördlichen Abschnitt wandern will, der hält sich ab jetzt an die weitere Tourbeschreibung.
Wir nehmen rechts des geradeaus führenden Weges am Wanderschild Kreuzensteigle (852 m) den schmalen ansteigenden Steig in Richtung »Alter Berg über Kreuzen«. Wir wandern eine Weile durch den Wald und folgen ab dem Waldrand dem durch die Wiesen ziehenden Pfad bis zum Schild **Kreuzen** (910 m) **5**. Dort treffen wir auf einen Asphaltweg, auf dem wir in Richtung der Häuser von Böttingen gehen. Vorbei am Schild Im Anger (870 m) erreichen wir nach dem Kreuz von 1908 den Ortsrand von Böttingen und den Parkplatz Färberstraße.

Hier weist das Wanderzeichen links am **Waldrand** 6 entlang weiter auf den Ort zu. Nach dem Skilift sehen wir das Schild Allenspacher Weg (902 m). Von dort spazieren wir auf der gleichnamigen linken Straße etwas ansteigend nach Böttingen hinein. Nach dem Rathaus – rechts von ihm sehen wir eine mächtige Linde und die Kirche – folgen wir am Schild Rathaus Böttingen (913 m) der Kirchstraße nach links aufwärts.
An dem schönen gusseisernen Brunnen und dem Schild Kirchstraße (922 m) überqueren wir die Straße und steigen dahinter noch etwas an bis zu einer Baumreihe. Hier halten wir uns links und kommen nach einem Flurkreuz zur Straße **K 5900** 7. Sie überqueren wir links des Kreisverkehrs und wandern auf dem schmalen Weg bis zu einem Parkplatz. Auf ihm

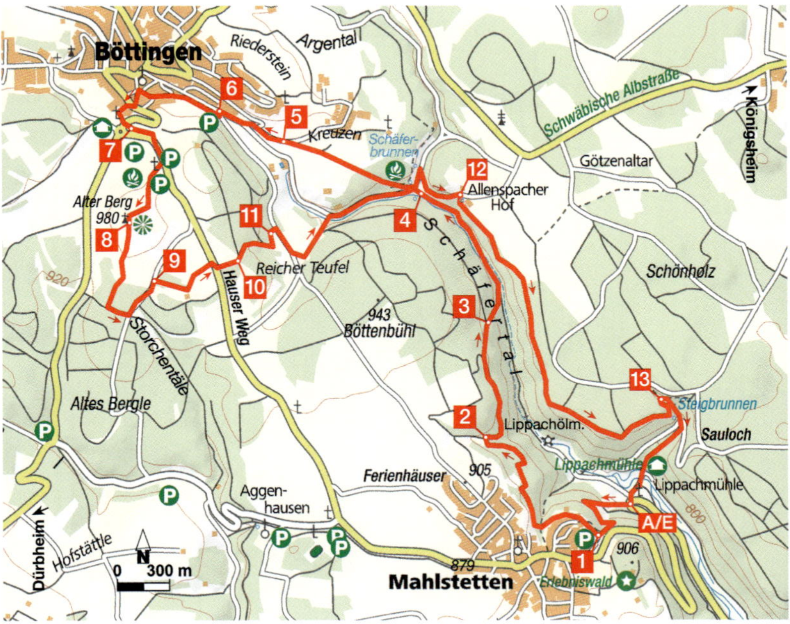

gehen wir links der Straße weiter, danach überqueren wir die Straße und wandern rechts von ihr nach links weiter bis zum nächsten Parkplatz. Noch vor diesem, bei dem steinernen Kreuz von 1952, folgen wir der rechts abgehenden Baumallee. Bald begleiten uns Kreuzwegstationen, dann werden wir aber nach rechts hinauf zu der kleinen **Kapelle** 8 auf dem Alten Berg verwiesen.

Wir gehen an der Tafel geradeaus weiter, nun etwas abwärts und durch eine schöne Heide. Nach einem Stück durch den Wald halten wir uns am querenden Weg links und am nächsten Querweg am Schild Storchentäle (938 m) noch einmal links. Bald verlassen wir den dichten Wald und sehen rechts eine schütter bewachsene Lichtung, links haben wir noch einmal einen Blick zum Alten Berg mit der Kapelle.

Vor dem nächsten Waldstück werden wir nach rechts verwiesen 9. Bald darauf biegen wir an einer Holz-

Kapelle auf dem Alten Berg

Mit dem Bau der achteckigen und rosarot angestrichenen Kapelle wurde erst 1907 begonnen. Nach dem Tod des Bauherren wurde der Bau eingestellt und der Rohbau verfiel im Laufe der Jahre. Dies erkannte die aus Böttingen stammende und in Paris lebende Valentine Maria Schmid bei einem Besuch in der Heimat. Sie ließ die Kapelle im Stil der Beuroner Kunstschule zu Ende bauen und sie 1919 weihen. Hinter der Kapelle sehen wir eine runde Stahlscheibe, welche die Aussicht erklärt. Gute Sichtverhältnisse vorausgesetzt, sieht man etwa die Hegauberge Hohenhewen und Hohenstoffeln. Ganz in der Ferne ist die Alpenkette zu sehen. Von links sind das Wettersteingebirge, die Tannheimer und die Allgäuer Alpen, die Lechtaler Alpen, die Silvretta und das Rätikon zu sehen sowie die St. Gallener, die Glarner, die Urner und die Berner Alpen.

hütte links ab und erreichen die K 5900. Hinter ihr gehen wir zum **Wald** 10. Am nächsten Schotterweg halten wir uns links und erreichen ein Asphaltsträßchen 11. Wir biegen rechts ab und kommen etwas später zum Schild Reicher Teufel (901 m). Hier wenden wir uns an der Verzweigung nach links und spazieren hinab ins Tal zum Schild **Schäfertal** (870 m). Nach rechts kommen wir zum schon bekannten **Schäferbrunnen** 4.

Nach Böttingen kommt man an diesem Flurkreuz vorbei.

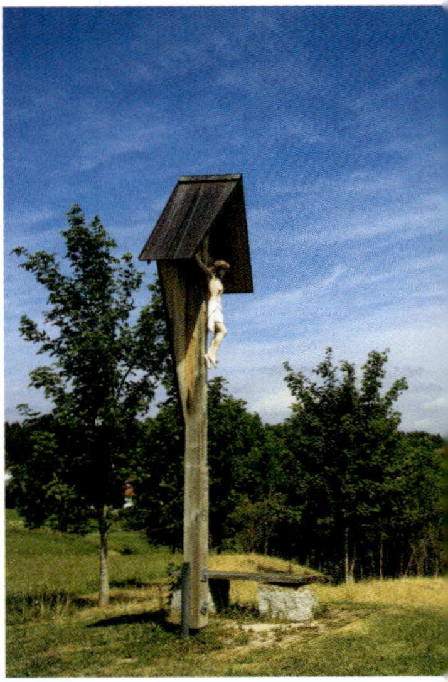

Wer in Böttingen beziehungsweise am Alten Berg gestartet ist und nur eine kurze Tour unternehmen will, der biegt am Schild Kreuzensteigle (852 m) scharf links ab und folgt, anfangs steil ansteigend, der obigen Beschreibung zurück. Ansonsten biegen wir jetzt links auf den breiten und relativ ebenen Weg ab, gehen an Biotop, Rastplatz und Relief vorbei und werden kurz darauf nach rechts verwiesen. Vorbei an einigen mächtigen Felsen marschieren wir nun schnurstracks hinauf zum **Allenspacher Hof** (898 m) 12. Nach dem rechten Gebäude werden wir nach rechts in den Wald verwiesen.

Nun wandern wir eine Zeitlang auf einem ziemlich wurzeligen Naturweg in leichtem Auf und Ab durch den Wald; ein paar Mal kommen wir dabei auch an einem Aussichtspunkt vorbei. Schließlich erreichen wir das Schild **Glatter Fels** (881 m) 13. Hier biegen wir scharf rechts ab und steigen auf einem steindurchsetzten Pfad steil abwärts bis zu einem Forstweg beim Schild Steigbrunnen (828 m). Nun halten wir uns rechts, nehmen aber gleich darauf nach dem Brunnen den links abgehenden Forstweg. Er bringt uns hinab zur Lippachmühle (762 m bzw. 757 m), wo wir auf einem der Parkplätze unsere Tour begonnen haben.

5 Durch das Irndorfer Hardt

Wie in einem englischen Park

Leicht | 7 km | 150 Hm | 2 Std.

Tourencharakter: Wir wandern auf festen und Naturwegen.

Tourenverlauf: Nusplingen-Harthöfe/Wanderparkplatz – Irndorfer Hardt – Wald – Harthöfe – Wald – Wanderparkplatz

Ausgangspunkt: Nusplingen-Harthöfe; man erreicht den Wanderparkplatz ab der K 7150. Gegenüber der Bushaltestelle Caffeeweg geht der Weg zu den Harthöfen 30–25 ab. Ihm folgt man, bis das Sträßchen aufhört. Links davon im Wald findet man den Parkplatz, GPS-Koordinaten: 48.106485, 8.947115

Anfahrt: A 81 bis Ausfahrt Empfingen, dann auf der B 463 zur B 27 nach Balingen. Anschließend auf der B 463 bis Lautlingen, rechts ab in die Tierberger Straße und hinauf nach Meßstetten. Weiter auf der L 196 über Hartheim nach Heidenstadt, danach links ab und auf der K7150 bis zu den Hardthöfen. Dort rechts ab zum Parkplatz.

Karte: Freizeitkarte F526 Sigmaringen (LGL)

Das Naturschutzgebiet Irndorfer Hardt bezaubert in seinem Zentrum durch eine fast parkartige Landschaft mit weiten Wiesenflächen und einzeln stehenden mächtigen Bäumen. Interessant sind die Geschichte der Gegend, die Flora und Fauna sowie die Dolinen, die es hier gibt.

Wir gehen vom Parkplatz aus auf dem Flachswaldweg zurück zu der Stelle, wo das Sträßchen aufhört. Hier halten wir uns am Schild Irndorfer Hardt Nord (874 m) links, als Wanderzeichen orientieren wir uns am gelben Dreieck und am Zeichen des Hohenzollernwegs.

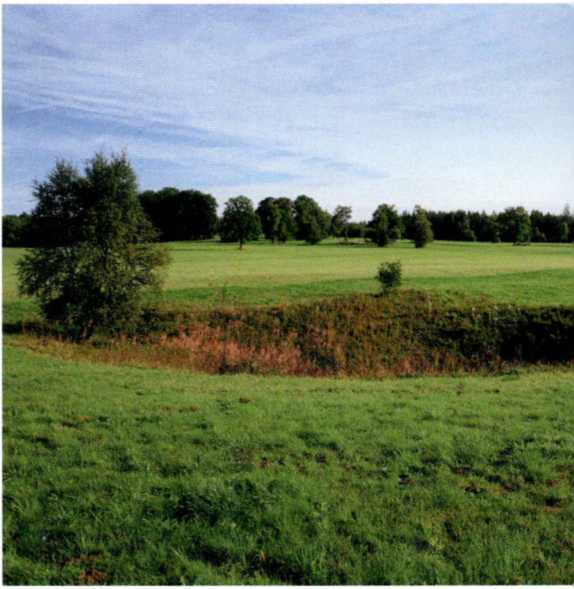

Nach einem kleinen Waldstück kommen wir ins Zentrum des Irndorfer Hardts, wo uns eine Szenerie erwartet, die an einen englischen Landschaftspark erinnert. Wir gehen durch die Wiesen zum Schild **Irndorfer Hardt Mitte** (859 m) ❶ und behalten dort unsere Richtung bei. Danach sehen wir links eine Doline. Später betreten wir den Wald. Dort biegen wir am Schild **Wetterschutzhütte** (868 m) ❷ rechts ab.
Der Weg steigt nun etwas an. Nach einer Linkskurve biegen wir an einer Kreuzung rechts ab. Dem nächsten Querweg folgen wir mit dem Zeichen gelbe Raute nach links ❸, danach wählen wir den nächsten rechts abgehenden Weg, nun ohne Zeichen. Wo dieser geschotterte Forstweg links abknickt, wandern wir auf einem Naturweg geradeaus weiter.
Kurz darauf stoßen wir auf den nächsten **Forstweg** (Oberholzweg) ❹; in diesen biegen wir rechts ein.

Unten: Dolinen sind ein besonderes Kalkgestein.

Linke Seite: Die leuchtenden Farben des Herbstes verlocken zum Wandern.

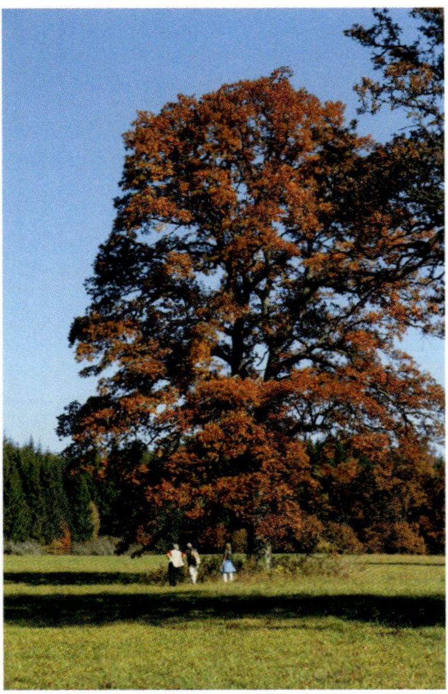

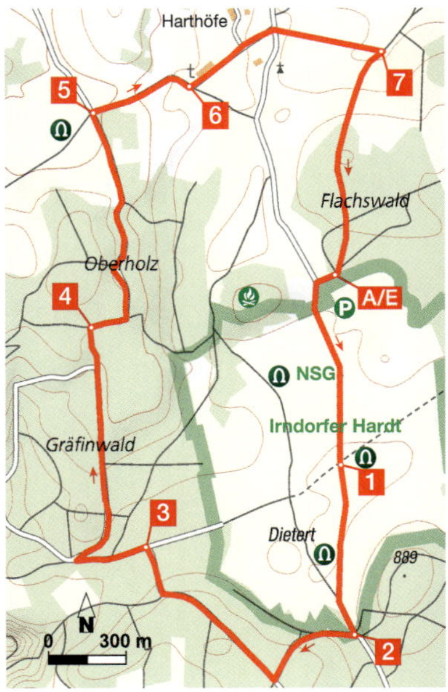

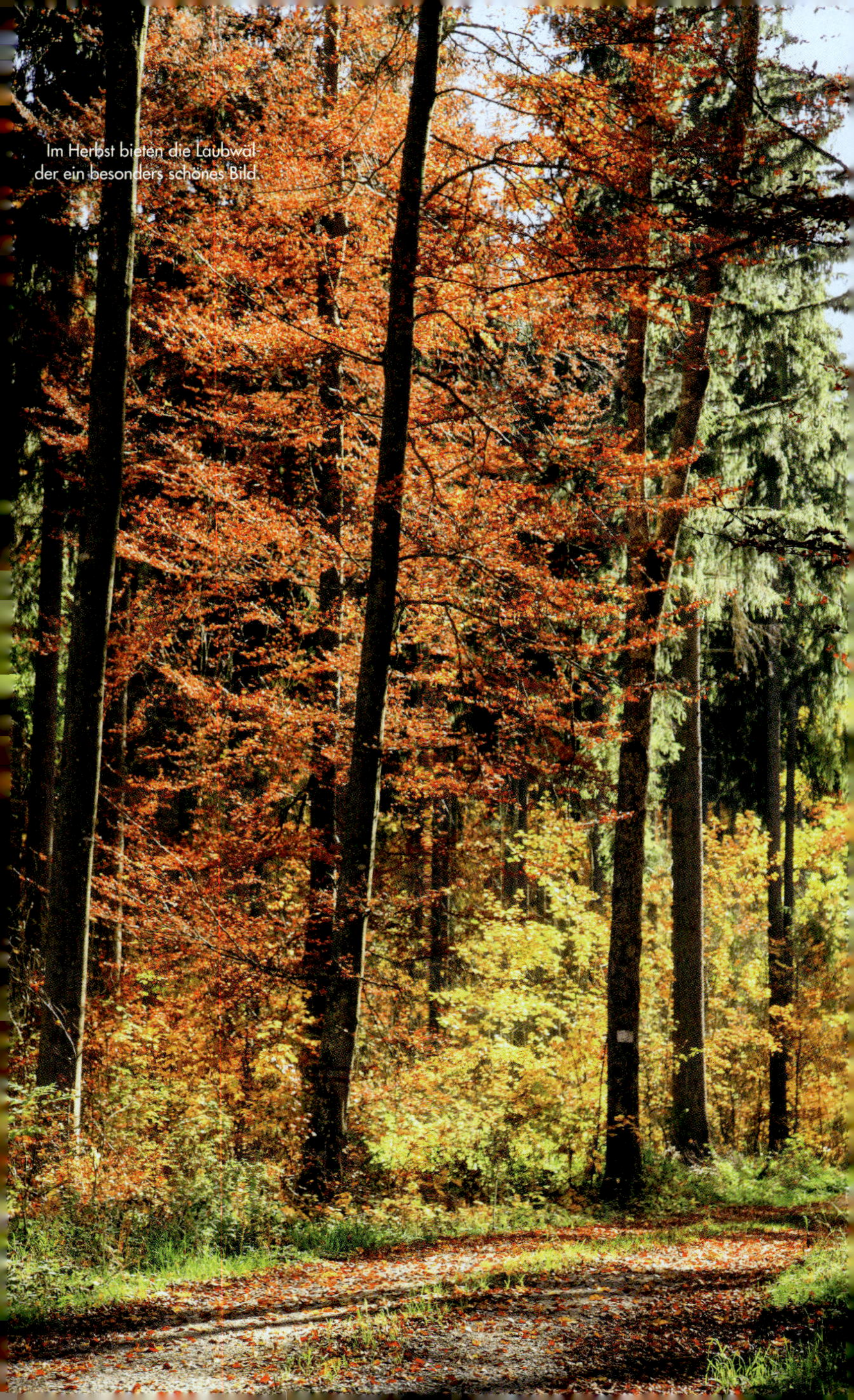

Im Herbst bieten die Laubwälder ein besonders schönes Bild.

Er zieht bald nach links. Nach dem Wald geht es kurz nach links am Waldrand entlang, nun wieder durch eine Wiesenlandschaft.

An der folgenden Kreuzung biegen wir am Schild **Türle** (897 m) 5 rechts ab in Richtung »Irndorfer Hardt«. Dem nächsten Querweg folgen wir nach rechts. An dem Hof mit dem großen Flurkreuz und vor dem Schild **Harthöfe 27** 6 zweigen wir links ab. Bald stoßen wir auf eine Kreuzung, hier quert der Zufahrtsweg zum Parkplatz. Wer will, folgt ihm nach rechts. Ansonsten wandern wir auf dem Schotterweg weiter. Vor der Kurve bei dem kleinen **Gehölz** 7 biegen wir rechts ab und kommen nach kurzem Bergauf in den Wald. Dort sehen wir die Zeichen gelbes Dreieck und Hohenzollernweg. Nach wenigen Minuten sind wir am Ausgangspunkt.

Irndorfer Hardt

Das Irndorfer Hardt zählt mit seinen markanten Einzelbäumen, den Baumgruppen und dem Magerrasen zu den schönsten Naturschutzgebieten am Südrand der Schwäbischen Alb. Hart/Hardt bedeutete früher Waldweide, und so ist das Gebiet ein weiträumiges Wiesengebiet aus ehemaligen Holzwiesen mit locker verteilten, fast parkartig anmutenden Baumgruppen. Auf den einmähdigen Wiesen wächst eine äußerst interessante Flora mit Gebirgspflanzen. Etwas Besonderes sind die vielen Dolinen. Sie sind typisch für Karstgebirge, also auch für die Schwäbische Alb. Der Name der auch Erdfall genannten Natursehenswürdigkeiten kommt von dem slowenischen Wort Dolina, was Tal bedeutet. Es sind Einbrüche an der Geländeoberfläche, oft linienhaft aufgereiht und entstanden durch einen von Kohlensäure bewirkten Lösungsprozess.

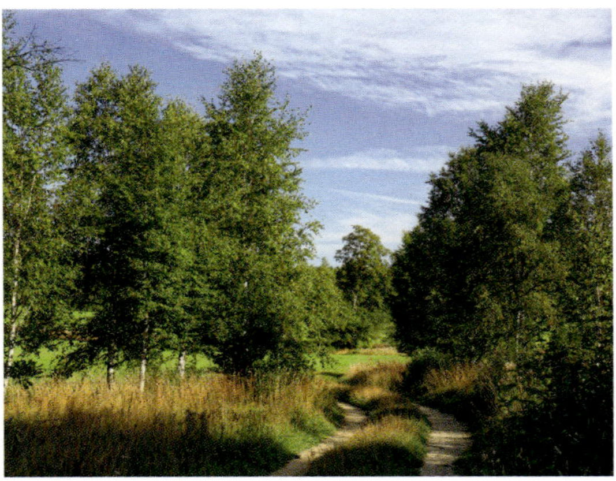

Im Irndorfer Hardt findet man einige idyllische Ecken.

6 Durchs liebliche Schmeietal

Flussidylle und wilde Felsen

Leicht | 8 km | 180 Hm | 2.30 Std.

Tourencharakter: Wir wandern überwiegend auf festen Wegen.

Tourenverlauf: Storzingen/Parkplatz Kiesgrube – auf die Höhe – Kesseltal – Uschental – Schmeietal – Parkplatz

Ausgangspunkt: Stetten am Kalten Markt-Storzingen (Schmeietalstraße 11, Parkplatz Kiesgrube), GPS-Koordinaten: 48.131529, 9.125686

Anfahrt: A 81 bis Ausfahrt Empfingen, dann auf der B 463 zur B 27 nach Balingen. Anschließend auf der B 463 bis nach Winterlingen, dann rechts ab auf die L 218 nach Storzingen; ÖPNV: Bahn über Tübingen nach Storzingen; Info: www.efa-bw.de

Einkehr: Keine; Grillmöglichkeit: Grillplatz Weckenstein.

Karte: Freizeitkarte F526 Sigmaringen (LGL); Freizeitkarte 526 Sigmaringen (LGL); Wanderkarte Oberes Donautal Blatt 51-532 (NaturNavi)

Das eher stille Schmeietal steht dem Donautal an Schönheit kaum nach. Wir wandern von Storzingen aus erst ein Stück hinauf auf die Hochfläche, danach geht es nur noch bergab und eben weiter. Zuerst spazieren wir durch das Kesseltal, dann durch das Uschental mit seinen beeindruckenden Felsgebilden zum Schmeietal.

Wir gehen vom Parkplatz Kiesgrube (640 m) zurück in den Ort. Am Wanderschild Schmeier Weg (641 m) biegen wir rechts ab und wandern im Steigweg kurz steil bergauf zu den zwei Beck-Linden, zwischen denen ein Kruzifix steht. Hier biegen wir rechts ab in die Bohlstraße und verlassen auf ihr den Ort.
Am Waldrand bei dem Fahrverbotsschild biegen wir rechts ab ❶ und folgen dem Sträßchen durch den Wald. Nach zwei scharfen Serpentinen geht es nur

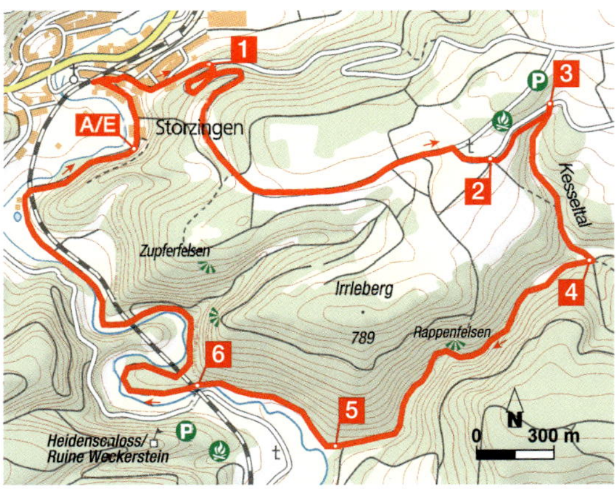

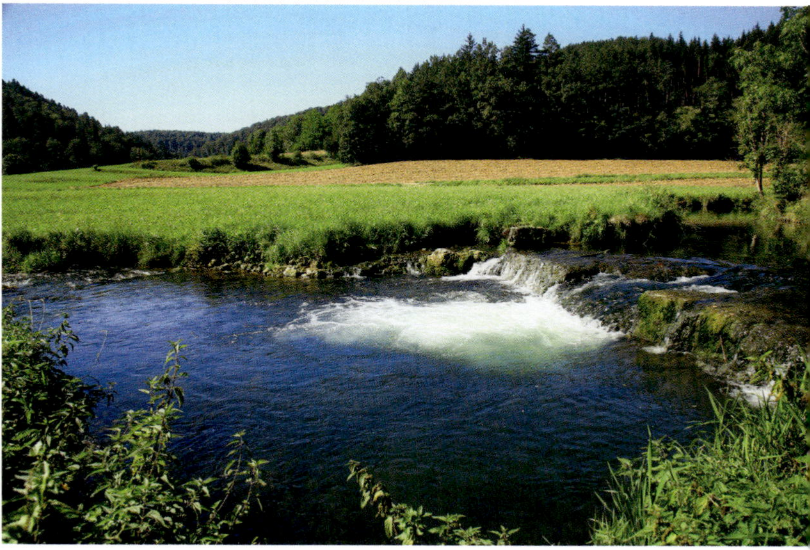

Die Schmeie mäandert noch ohne Regulierung durch die Wiesenlandschaft.

noch mäßig aufwärts, dann verlassen wir bald den Wald und wandern durch die Felder. An einer Verzweigung halten wir uns rechts, gehen an dem großen Feldkreuz vorbei und erreichen kurz danach das Schild **Sonnäcker** (765 m) 2 rechts der Straße. Dort folgen wir dem Pfad, der uns erst am Schild hinter dem Sonnacker (765 m) vorbeiführt und dann in den Wald einmündet.

Es geht kurz parallel zu dem Sträßchen weiter, dann treffen wir auf das Schild **Kesseltal** (765 m) 3. Hier biegen wir rechts ab. Ab jetzt geht es bergab. Schließlich kommen wir in einer Talweitung zum Schild **Unteres Kesseltal** (686 m) 4. Hier orientieren wir uns rechts in den breiten Schotterweg in Richtung »Rappenfelsen«.

Schmeie

Der erst Schmiecha genannte Fluss entspringt nordwestlich von Albstadt-Onstmettingen nahe der Europäischen Wasserscheide auf 848 Metern Höhe. Ab der Gemeindegrenze zu Straßberg wird er Schmeie genannt und mündet nach über 41 Kilometern in die Donau. In ihrem Tal findet man zahlreiche seltene Pflanzen- und Tierarten.

Bettelküche

Die Bettelküche erinnert an Bettler oder das sogenannte Fahrende Volk, vor dem die Bevölkerung Angst hatte, denn es stand im Verdacht, immer wieder etwas zu stehlen oder Unrechtes im Schilde zu führen. Um sich zu schützen, hat man diese Leute außerhalb des Ortes untergebracht. Hier vor der Bahnbrücke gab es eine große und einsehbare Höhle, in der diese Leute Schutz finden konnten, die aber doch weit vom Dorf entfernt war.

Es geht an einigen mächtigen Felsen vorbei, dann sehen wir am Schild Rappenfelsen (681 m) rechts oben die hell leuchtenden Rappenfelsen, unter denen sich ein kleiner Schutthang erstreckt. Später verlassen wir den Wald. Am Schild **südlich Uschental** (638 m) **5** wandern wir geradeaus weiter.

Nun befinden wir uns im Schmeietal; das Flüsschen mäandert nach alter Art links vom unserem Weg. Am Schild **am Irrleberg** (640 m) **6** kann

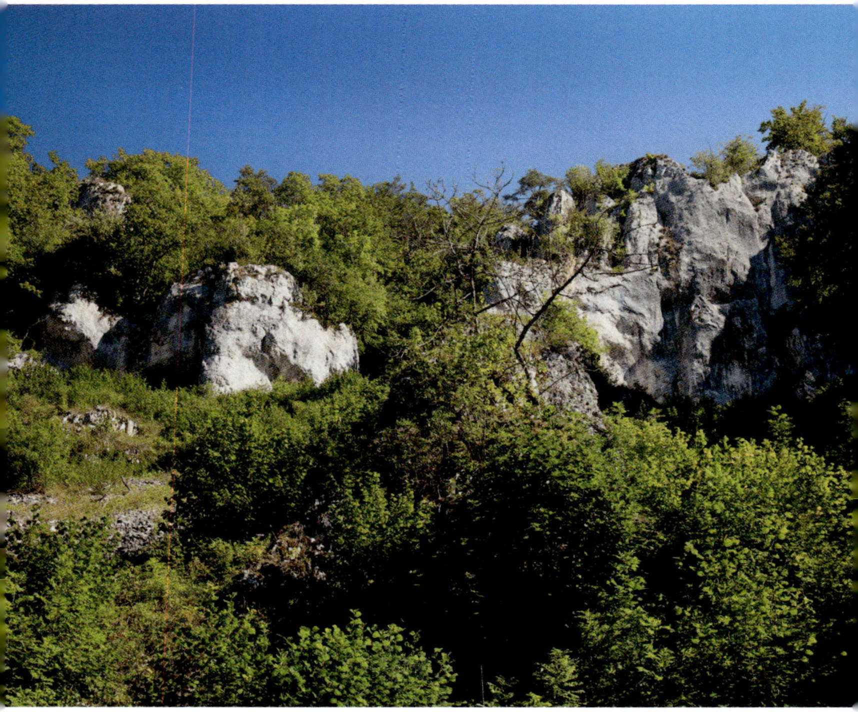

man 100 Meter nach links zum Grill- und Rastplatz Weckenstein gehen. Ansonsten spazieren wir geradeaus weiter. Kurz danach kommt man über große Trittsteine ebenfalls zu diesem Grillplatz. Wir folgen nun immer dem Weg durch das Schmeietal. Vor einer Bahnbrücke sehen wir eine Tafel, die uns die »Bettelküche« erklärt.

Vor der nächsten Bahnbrücke kommen wir am Schild Storzinger Schlössle (643 m) vorbei. Danach sehen wir das Schild Wolferget (624 m), passieren die Kläranlage und können an der Tafel zur Ölmühlewiese nach links zu einem alten Stauwehr gehen. Kurz darauf sind wir wieder zurück am Ausgangspunkt.

Unten: Felder mit blühenden Blumen bieten immer eine Abwechslung unterwegs.

Linke Seite: Oberhalb des Wegs leuchten die Rappenfelsen.

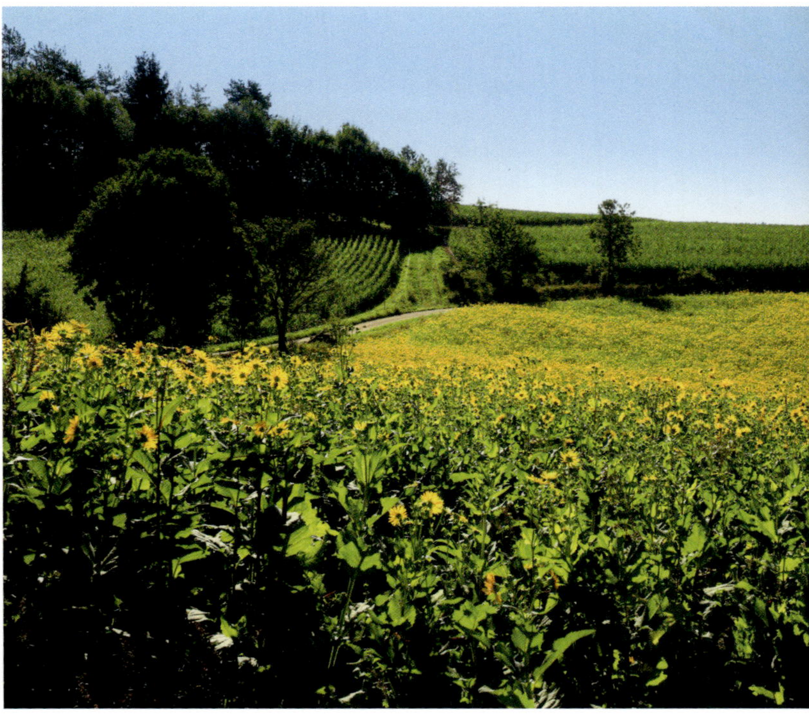

7 Zwei Höhlen und ein Felsentor

Waldwanderung mit Besonderheiten

Mittel | 8 km | 180 Hm | 2.30 Std.

Tourencharakter: Wir wandern auf festen Wegen und teilweise steilen Pfaden.

Tourenverlauf: Weilheim/ Wanderparkplatz Burgsteig – Drei Buchen – Bettelmannskeller – Nonnenhöhle – Aussichtspunkt – Parkplatz Steigkreuz – Gedenkstein – Fürstenstein – Panoramaweg – Wanderparkplatz

Ausgangspunkt: Rietheim-Weilheim (Wanderparkplatz Burgsteig, zu erreichen ab Weilheim über die Mühlstraße), GPS-Koordinaten: 48.021045, 8.785390

Anfahrt: A 81 bis Ausfahrt Rottweil, weiter auf der B 462, B 27 und B 14 und vorbei an Rottweil bis Weilheim. Dort nach links in der Mühlstraße hinauf zum Wanderparkplatz Burgsteig; ÖPNV: Bahn über Rottweil bis Weilheim; Info: www.efa-bw.de

Einkehr: Rietheim-Weilheim

Karte: Freizeitkarte 507 Villingen-Schwenningen (LGL)

Diese Wanderung steht im Zeichen der Geologie, schließlich passieren wir zwei Höhlen sowie eine Felsformation, die wie ein Rundbogentor eines alten Bauernhofes wirkt. Aber auch an Stellen mit Aussicht kommen wir vorbei, zudem wandern wir durch schöne, naturnahe Waldgebiete.

Am Wanderparkplatz finden wir die Tafel Wanderparkplatz Burgsteig (723 m). Hier gehen wir in Fortsetzung des Zufahrtsweges in Richtung »Nonnenhöhle« mit dem Wanderzeichen rote Raute im Wald bergauf. Am Schild Am Dreiangel folgen wir dem Forstweg nach links und sind etwas später oben auf der Hochfläche. Dort sehen wir das Schild **Drei Buchen** (853 m) **1**, bei dem die drei namengebenden Bäume stehen. Hier biegen wir mit dem Wanderzeichen rotes Dreieck rechts ab. Nach einiger Zeit liegt rechts unterhalb des Weges die Höhle **Bettelmannskeller** **2**. Bei dieser – eher einem überdachten Unterschlupf, der nach hinten auch einen Spalt breit offen ist – kann man sich gut vorstellen, dass hier ein armer Bettler Unterschlupf gefunden hat.
Kurz darauf werden wir mit dem Zeichen nach rechts verwiesen. Wir wandern bis zum Schild Bei der Nonnenhöhle (853 m). Hier machen wir einen Abstecher von hundert Metern auf einem Pfad nach rechts bis zur **Nonnenhöhle** **3**. Sie ist von zerklüftetem Kalkgestein umgeben. Ihren Namen soll sie entweder von der Felssäule am Eingang haben, die »Nonne« genannt wurde, oder weil die Nonnen des Klosters Wurmlingen im Bauernkrieg hierher geflüchtet sein sollen.

Danach gehen wir zurück und halten uns am Schild rechts in Richtung »Parkplatz Steigkreuz«. Etwas später kommen wir zu einem **Aussichtspunkt** 4. Eine große Tafel erklärt das Panorama. Man sieht von hier bis zu den Schweizer Alpen: von links die Urner Alpen, die Engelberger Alpen und das Berner Oberland.

Etwas später erreichen wir eine Straße, hinter welcher der Parkplatz **Steigkreuz** (838 m) 5 liegt. Hier wandern wir links am Waldrand entlang weiter; später sehen wir das Wanderzeichen rote Gabel. Dieses weist uns nach einiger Zeit nach links in den Wald. An der nächsten Kreuzung halten wir uns rechts und kommen zu einem **Gedenkstein** 6.

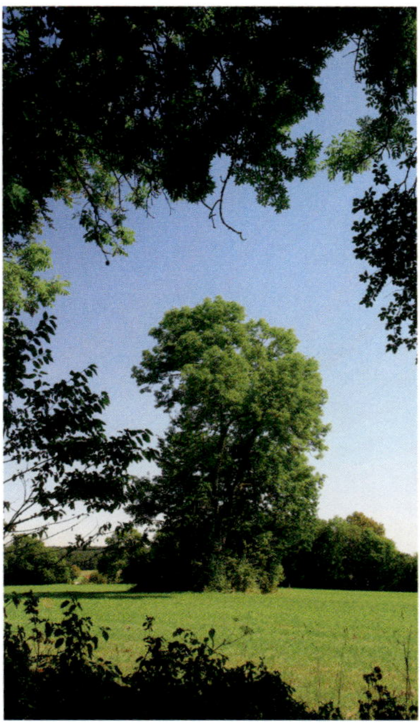

Immer wieder bietet sich ein interessanter Ausblick aus dem Wald.

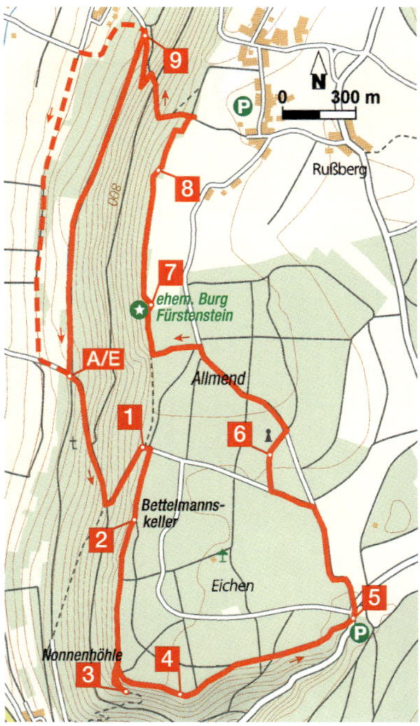

Burg Fürstenstein

Die Burg Fürstenstein ist eine abgegangene Höhenburg, vielleicht aus dem 11. oder 12. Jahrhundert. Bekannt ist der im Jahr 1211 erwähnte Bertholdus de Vuristinstein, ein Bruder des Reichenauer Abtes Heinrich von Hohenkarpfen. Ihr Name kommt von der Lage, denn Vuristinstein bedeutet vorderster Stein. Seit 2017 steht hier ein großes Metallkreuz.

Der Gedenkstein wurde zur Erinnerung an einen Flugzeugabsturz am 27. Juli 1934 aufgestellt. Dabei kam auch die erste Flugbegleiterin in Europa, Nelly Diener, ums Leben.

Danach biegen wir mit dem Zeichen links ab. Etwas später zweigen wir noch einmal links ab und erreichen am Trauf das Schild Beim Fürstenstein (867 m). Hier biegen wir rechts ab, nun wandern wir auf dem Neuen Albtraufweg. Nach dem Wald liegt links der **Fürstenstein** 7, ein schöner Aussichtspunkt.

Auf dem weiteren Weg haben wir nach rechts immer wieder einen schönen Blick auf die Weideflächen und

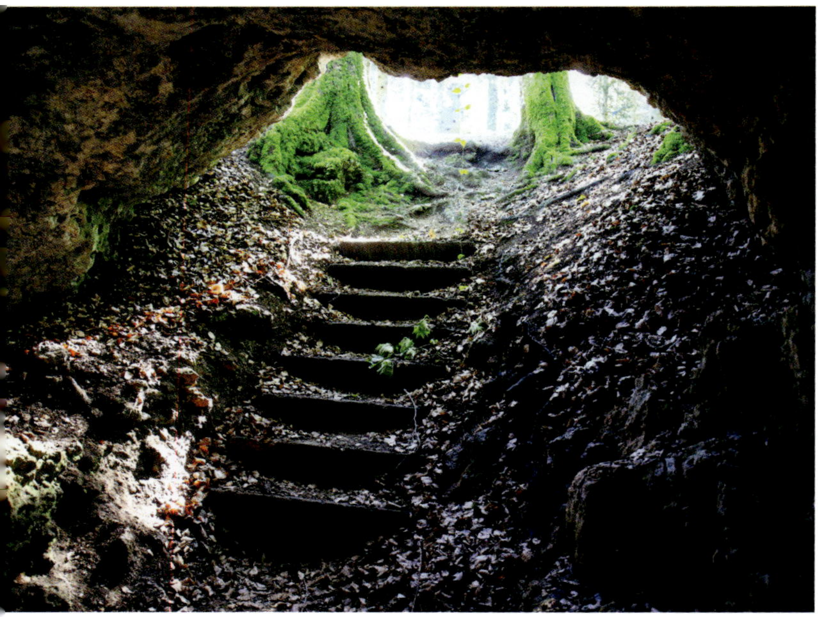

Blick aus dem Bettelmannskeller

Rußberg. Links des Weges werden wir auf das Naturdenkmal Schwarzes Tor, ein **Felsentor** 8, aufmerksam gemacht. Bald erreichen wir das Schild Krumme Steige (868 m). Hier biegen wir rechts ab und gehen mit der roten Raute auf dem Jakob-Hilde-Wegle steil bergab. Der Weg knickt bald rechts ab, wir überqueren einen Forstweg und wandern danach in Serpentinen bis zum Waldrand. Am **Wasserbehälter Schmidten** 9 biegen wir links ab und gehen bis vor die Häuser von Rietheim.

Wer früh unterwegs ist, kann noch die Sonne hinter den Bäumen aufgehen sehen.

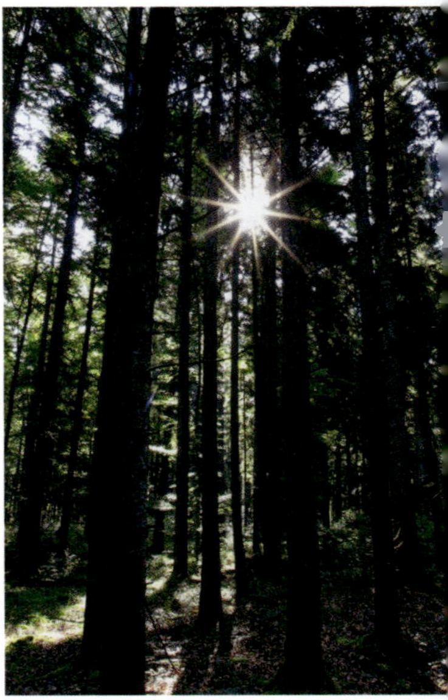

Nun haben wir zwei Möglichkeiten: Die kürzere Variante führt überwiegend durch den Wald. Hierzu nehmen wir den links abgehenden Unteren Pohlhaldeweg, der uns direkt zum Ausgangspunkt zurückführt. Diese Variante ist auch im GPS-Track enthalten.

Schöner – weil ein richtiger Panoramaweg –, wenn auch etwas komplizierter, länger und anstrengender ist die zweite Variante: Für diese gehen wir bis zum Schild Waldrand Schmidten (717 m). Hier biegen wir links ab in den Unteren Albtraufweg. Ihm folgen wir eine Weile durch den Wald, bis rechts am Waldrand das Schild Schwarze Hale (708 m) steht. Hier halten wir uns rechts und kommen zum Schild Hohrain (697 m). Nun nehmen wir den etwas unterhalb verlaufenden Asphaltweg, ein richtiger Panoramaweg mit herrlichem Blick auf Rietheim und Weilheim und die umliegenden Berge. Er beschreibt mehrere Knicke, kann aber nicht verfehlt werden, weil er der einzige Weg in den Wiesen ist. Wir wandern im Prinzip aber immer geradeaus, bis wir auf das Zufahrtssträßchen zum Parkplatz stoßen.

8 Wilde Natur im Bäratal

Aufstieg zur modernen Kapelle

Mittel | 11,5 km | 290 Hm | 3.30 Std.

Tourencharakter: Wir wandern auf schmalen und teilweise auch steilen Pfaden, für die man trittsicher sein sollte, aber auch auf festen Wegen. Bei Eis und Schnee ist die Tour nicht zu empfehlen.

Tourenverlauf: Bärenthal – Kreuzfelsen – Gnadenweiler – Karlswahl – Schlösslemühle Ensisheim – Bäratal – Bärenthal

Ausgangspunkt: Bärental (Wanderparkplatz Bärenthal, an der L 440), GPS-Koordinaten: 48.072240, 8.926043

Anfahrt: A 81 bis Ausfahrt Empfingen, dann auf der B 463 zur B 27 nach Balingen, danach auf der B 463 und L 440 zum Lochenpass und weiter nach Bärenthal

Einkehr: Bärenthal, Gnadenweiler; Grillmöglichkeit: im Bäratal kurz vor Bärenthal

Karte: Freizeitkarte 507 Villingen-Schwenningen (LGL)

Eines der idyllischen Seitentäler des Donautals ist das Bäratal, das von Norden her einmündet. Wir steigen entlang einiger religiöser Denkmäler hinauf auf die Hochfläche, wo wir einem Lehrpfad durch eine Heckenlandschaft folgen. Nach steilem Abstieg auf teilweise wildem Pfad wandern wir durch das Bäratal wieder zurück.

Wir überqueren die L 440 und wandern in der Kirchstraße in den Ort hinein. Links steht das Rathaus, danach kommen wir zur Kirche. Auch sie hat eine interessante Geschichte und schöne Einrichtungsgegenstände. Hier am Schild **Bärental Ortsmitte** (673 m) 1 zweigen wir rechts ab in die Gnadenweiler Straße. Weiter ansteigend bringt sie uns aus dem Ort. Vor dem **Soldatenkreuz** 2 beschreibt die Straße eine scharfe Linkskurve, wir gehen aber auf dem Wanderweg geradeaus weiter.

Jetzt sehen wir immer wieder Kreuze und andere christliche Symbole am Wegrand. Sie stammen von einem Einwohner, der sie zur Erinnerung an seinen Vater aufstellte. Er konnte es nicht überwinden, dass dieser als einziger Bärenthaler im Krieg 1870 gefallen war.

Nach etwas Anstieg kommen wir zum Schild Felsentor (750 m). Rechts sehen wir die Josefsgrotte mit einer lebensgroßen Skulptur. Das Felsentor ist ganz oben im Wald zu sehen.

Wir wandern weiter bis zum Schild am Sauwegle (795 m). Hier werden wir nach links zum »Kreuzfelsen« verwiesen. Nun steigt es in Serpentinen kurz steil an, dann sind wir oben am Waldrand beim

Schild **Hohe Felsen** (823 m) **3**. Hier biegen wir links ab. Bald entdecken wir links einen Rastplatz mit Tisch und Bänken. Danach kommen wir in den Wald. Am Schild **Beim Kreuzfelsen** (833 m) **4** führt unser Weg später rechts weiter, erst aber halten wir uns links und gehen zum **Kreuzfelsen** **5**. Auch er geht auf die Erinnerung an den gefallenen Vater zurück und bietet uns einen prächtigen Blick hinab auf Bärenthal. Danach folgen wir dem Weg und verlassen bald den Wald. Links steht das »neugotische Kreuz«. Etwas später werden wir vor dem Sendemast und der Straße am Schild Beim Rabenfelsen (834 m) nach rechts verwiesen. Der Weg knickt bald links ab zur Straße. Ihr folgen wir nach rechts. Vor Gnadenweiler steht rechts die moderne Wallfahrtskapelle Maria, Mutter Europas (838 m). Danach im Ort biegen wir am Schild **Gnadenweiler** (843 m) **6** links ab.

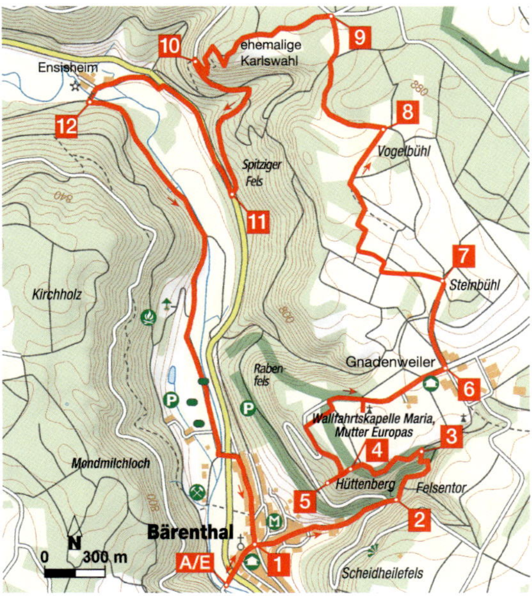

Wir verlassen das Dorf und wandern an der nächsten Verzweigung rechts auf der Straße weiter. Wo diese in einen Schotterweg übergeht, zweigen wir links ab in den **Heckenlehrpfad Vogelbühl** 7.
Nun wird der Wegverlauf etwas unübersichtlich, weil nicht genügend Schilder vorhanden sind und der Grasweg oft schlecht zu erkennen ist. Wo ein weiterer Naturweg quert, biegen wir im rechten Winkel rechts ab, halten uns aber gleich danach in die Gasse zwischen zwei Hecken links. Der Grasweg zieht danach nach rechts und bringt uns zu einem breiten Schotterweg.
Ihm folgen wir nach links und dann durch eine weite Wiesenlandschaft sanft bergab. Bei einem querenden Weg steht das Schild **Krumme Steig** (871 m) 8. Hier orientieren wir uns links. Durch ein Waldstück und zwischen Wiesen kommen wir zum Schild **Karls-**

Bärenthal

Bärenthal ist die kleinste selbstständige Gemeinde in Baden-Württemberg. Sie wurde 1092 erstmals in einer Urkunde des Klosters St. Georg genannt, dann gehörte sie zum Fürstentum Hohenzollern-Sigmaringen und wurde 1751 an das Kloster Beuron verkauft. Nach der Säkularisation 1803 kam sie wieder an die Hohenzollern. In der Mitte des 18. Jahrhunderts bestimmte Abt Dominikus von Beuron drastische Maßnahmen, da die Bewohner in äußerst ärmlichen Verhältnissen lebten: Das Heiraten wurde erschwert, es durften keine Auswärtigen mehr zuziehen und die Einwohner wurden zum Auswandern ermuntert, was auch 200 von ihnen zur Reise nach Amerika trieb. Vor dem Rathaus steht ein alter Grenzstein, seine Geschichte ist auf einer Tafel erklärt. Interessant sind die Großbuchstaben auf zwei Seiten: KW und KP. Sie bedeuten »Königreich Württemberg« und »Königreich Preußen«. Sie kommt daher, dass Bärenthal zu Hohenzollern gehörte, und dieses wiederum in seiner letzten Phase zu Preußen.

wahläcker (862 m) 9. Hier werden wir nach links in Richtung »Schlösslemühle Ensisheim« verwiesen.

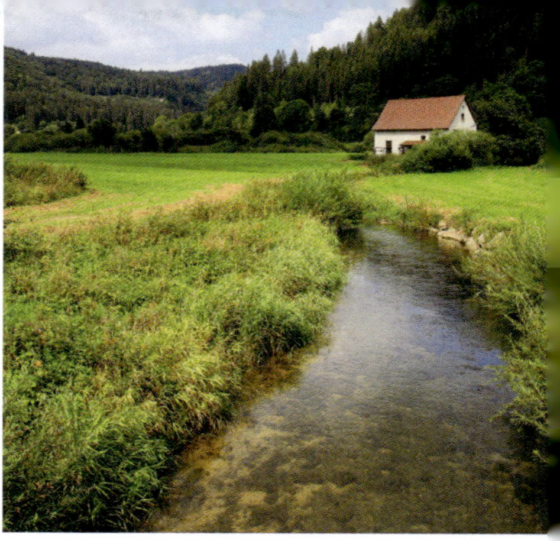

Still fließt die Bära durch die Wiesenlandschaft.

Der Weg ist zwar ab und zu markiert, bei hohem Gras aber schlecht erkennbar. Wir kommen in den Wald, wo eine Tafel die Geschichte des ehemaligen Forsthauses Karlswahl beschreibt.

Kurz danach fällt der Pfad steil ab, ist aber immerhin gut erkennbar. Er bringt uns in Serpentinen hinab zu einem Asphaltsträßchen, dem **Billionenweg** 10. Auf ihm gehen wir nach links abwärts. Die auf den Karten noch sichtbare Weiterführung des Pfads war bei der Recherche nicht mehr erkennbar. So folgen wir dem vorerst asphaltierten Billionenweg bis hinab zur **L 440** 11. Hier biegen wir rechts ab; nun müssen wir ein Stück der Straße folgen. Kurz darauf kann man aber auf die rechte Straßenseite wechseln, wo ein begehbarer Grünstreifen verläuft. Er bringt uns nach ein paar Minuten zu einer Stelle, an der auf der linken Straßenseite zwei Asphaltwege abgehen. Wir folgen dem rechten, der hinab zur **Schlösslemühle Ensisheim** 12 führt.

Vor den Gebäuden sehen wir ein auf einem Mühlstein befestigtes Kreuz, das an die ehemalige St. Nikolaus-Kapelle Ensisheim erinnert.

Wir überqueren die Bära und halten uns dahinter links. Nun führt der Weg relativ eben durch den Wald. Wir kommen an einem Rastplatz mit Grillstelle vorbei, danach an den Sportplätzen. Nach ihnen überqueren wir die Straße und gehen nach rechts durch Bärenthal hindurch. Schließlich zweigen wir rechts ab in die Kirchstraße, die uns vorbei an Kirche und Rathaus zurück zum Ausgangspunkt bringt.

9 Vulkanschlot und Donauversinkung

Zu zwei Natursehenswürdigkeiten

Mittel	10 km	240 Hm	3 Std.

Tourencharakter: Wir wandern auf Pfaden und festen Wegen. Nicht alle Wege sind auf der amtlichen Karte verzeichnet. Am Ausgangspunkt befinden sich ein Imbiss mit Toiletten, ein Grillplatz, ein Spielplatz, eine Schutzhütte und ein Radlercampingplatz (eine Übernachtung erlaubt).

Tourenverlauf: Immendingen/Wanderparkplatz – Wald – Dachsmühle – Vulkankrater Höwenegg – Parkplatz Höwenegg – Daimler Prüf- und Technologiezentrum – Immendingen/Wanderparkplatz

Ausgangspunkt: Immendingen (Parkplatz Donauversinkung), GPS-Koordinaten: 47.931739, 8.749154

Einkehr: Ausgangspunkt, Schützenhaus nach dem Daimler Prüf- und Technologiezentrum; Grillmöglichkeit: Ausgangspunkt (hier muss man sich vorher entweder im Imbiss oder bei der Gemeindeverwaltung Immendingen anmelden, Tel. (07462) 24-0), nach der Dachsmühle.

Karte: Freizeitkarte 507 Villingen-Schwenningen (LGL)

Zwei geologische Besonderheiten besuchen wir bei dieser Wanderung. Zuerst geht es zwischen Wald und Wiesen hinauf zum Vulkanschlot Höwenegg, der nicht nur ein imposantes Landschaftsbild bietet, sondern auch mit der Geschichte seiner Entstehung und der Natur um ihn herum interessant ist. Danach können wir die berühmte Donauversinkung aufsuchen.

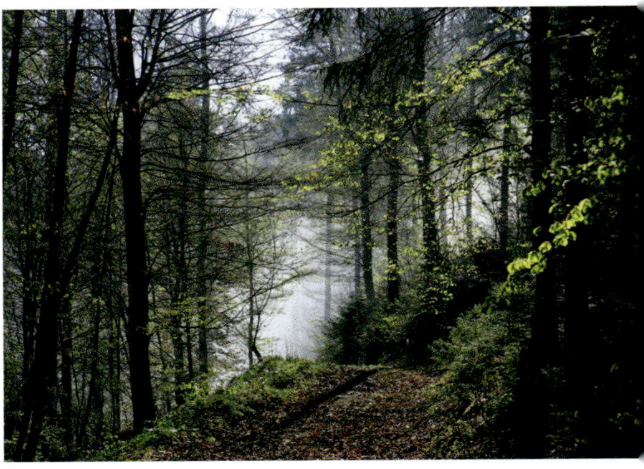

Wir gehen zum Wanderschild Donauversinkung (657 m). Geradeaus ginge es durch das Gelände des Imbissstandes zu den Versinkungsstellen; man kann diesen Abstecher aber auch nach der Wanderung machen. So biegen wir rechts ab, unterqueren die Bahnlinie und halten uns danach am Schild **An der Donauversinkung** (669 m) ❶ links. Nun folgen wir mit dem Wanderzeichen der Premiumwanderwege Donauwellen dem rechten, aufwärts ziehenden Pfad. Bald treffen wir auf einen Forstweg, in den wir links einschwenken. Es geht weiter bergauf, dann erreichen wir die **K 5928** ❷, die wir überqueren. Anschließend führt der markierte Wanderweg, nun teilweise als weicher Waldweg, rechts der Wiese am Waldrand weiter. An einem querenden Forstweg biegen wir, jetzt ohne Zeichen, links ab. Nach der Lichtung stoßen wir im Wald auf den querenden **Pfaffenwinkelweg** ❸. Ihm folgen wir nach rechts.

Nun wandern wir eine Zeitlang geradeaus, immer den Radwegschildern folgend. Später geht es auf dem **Ehemaligen Grenzweg** weiter.

Anschließend wandern wir links entlang einer Lichtung weiter. Vor dem nächsten Waldstück liegt links ein Vesperplatz mit Tisch und Bänken sowie einer Infotafel zu Orchideen. Wieder im Wald weist uns das Radwegzeichen bald nach rechts in den Weg **Vorderer** ❹. Er zieht bald nach links und bringt uns zu einem Lagerplatz vor der L 225. Wir folgen kurz der Landstraße

Linke Seite: Ein Blick auf den Morgennebel belohnt den frühen Wanderer.

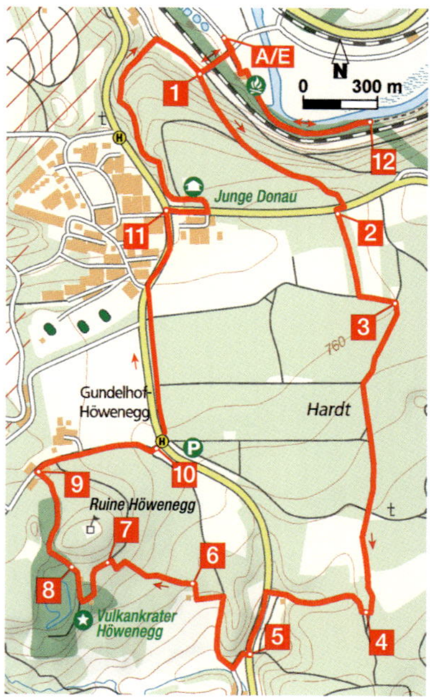

Anfahrt

A 81 bis Ausfahrt Geisingen, weiter auf der B 311 bis Immendingen. Zum Wanderparkplatz Donauversinkung folgen wir am östlichen Ende von Immendingen kurz der L 225, dann biegen wir nach der Donaubrücke rechts ab in Richtung »Engen«, in die Straße Unterer Ösch in Richtung »Donauversinkung«. Nach einem Linksbogen bringt sie uns zum Parkplatz; ÖPNV: Bahn über Tuttlingen nach Immendingen; Info: www.efa-bw.de

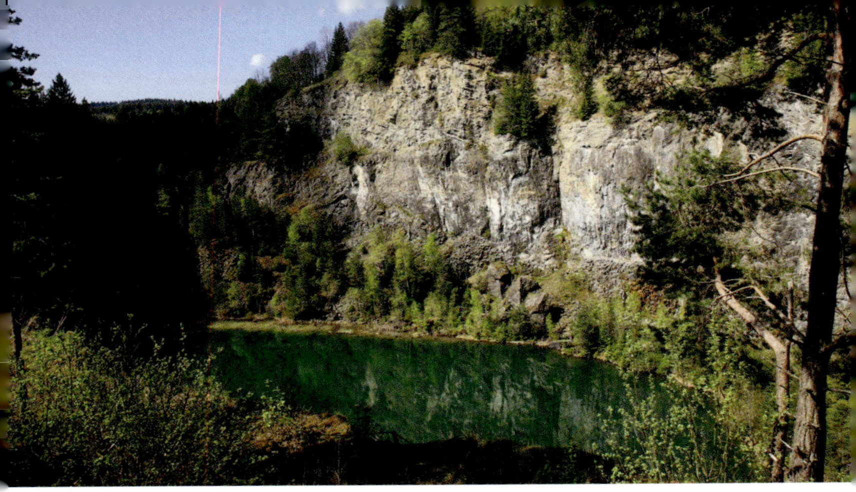

Am ehemaligen Vulkankrater Höwenegg: Blick vom Wanderweg hinab in den See

nach links, dann überqueren wir sie 5. Ab jetzt begleitet uns wieder das Zeichen der Donauwellen. Nach der Straße halten wir uns links in Richtung der Dachsmühle. Gleich darauf am Schild An der Dachsmühle (689 m) zweigen wir rechts ab in die Alte Mauenheimer Straße. Links sehen wir in ein Wiesentälchen, das gut für das Lied »Im schönsten Wiesengrunde« hätte Pate stehen können.

Nun steigt der Weg etwas an. Vor einer Grillstelle werden wir nach links verwiesen. Wir wandern kurz oberhalb der Wiese und entlang des Waldrands, dann geht es nach rechts in den Wald. Dort steigen wir an zu einem querenden **Forstweg** 6. Nach diesem folgen wir geradeaus weiter einem Pfad, der uns in einigen Knicken zu einem weiteren Forstweg und dem Schild **Bei der Ruine Höwenegg Süd** (771 m) 7 bringt. Hier biegen wir links ab und stoßen kurz darauf auf einen Zaun. Tief unter uns liegt hier der See, der sich im Vulkankrater Höwenegg befindet.

Der **Höwenegg** 8 ist der nördlichste der Hegauvulkane. Er war vor rund 10 Mio. Jahren aktiv und hatte einen Hauptkrater und fünf Nebenkrater. Das vulkanische Gestein (Basalt) wurde ab Anfang des 20. Jahrhundert bis 1979 abgebaut. Hier stieß man auf bedeutende Funde von Urzeittieren, unter anderem vom Urzeitpferd Hipparion, einer Antilope und einer hornlosen Nashornart.

Vor dem Krater biegen wir links ab. An seinem oberen Ende wird man nach links zu einem »Aussichtspunkt« verwiesen. Ansonsten folgen wir dem Schotterweg, der nach rechts zieht und bald zu einem querenden Weg und einem **Haus** 9 abfällt. Dort biegen wir am Schild Am Gundelhof (775 m) rechts ab. Vorbei am Gundelhof spazieren wir zur L 225 und zum **Parkplatz Höwenegg** 10.

Auf der anderen Straßenseite folgen wir dem Pfad, der mit dem Wanderschild grüne Raute parallel zur Straße nach links führt. Wir queren am Schild Pfaffenwinkel (765 m) den bekannten Pfaffenwinkelweg und bleiben noch kurz auf dem Pfad. Nach dem Waldende müssen wir kurz auf der Straße gehen.

Wo die K 5928 nach rechts abgeht 11, folgen wir ihr. Man könnte zwar über die Wiese weglos zum Schützenhaus gehen, der richtige Weg führt aber kurz entlang der Straße, ehe die Zufahrt zum Schützenhaus links abzweigt. Nach der Gaststätte folgen wir dem parallel zur Straße nach rechts ziehenden Forstweg. Er bringt uns hinab zu einem Asphaltweg im Donautal.

Wir halten uns kurz rechts, dann gehen wir nach links zur Unterführung bei der Bahnbrücke und zum Parkplatz. Wer will, geht hier nach rechts zum Imbiss und von dort entlang der Donau weiter. Unterwegs kommt man an Höhlen, aus denen kalte Luft strömt, und an Stellen, an denen die Donau rückwärts fließt, vorbei. Danach erreichen wir die **Versinkungsstellen** 12.

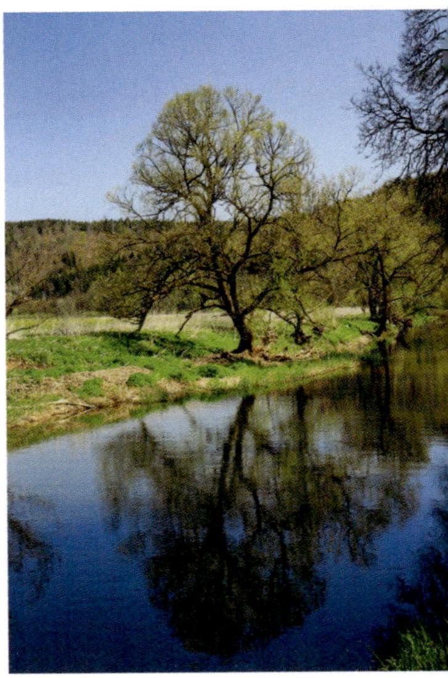

An der Donauversinkung. Hier fließt aber noch Wasser.

Donauversinkung

Nachdem die Donau durch die Wiesenlandschaft der Baar mäandert ist, erreicht sie hier nach einem 26 Kilometer langen Lauf die Kalksteine des Weißen Juras, die durch Klüfte und Hohlräume charakterisiert sind. Vor allem beim Brühl zwischen Immendingen und Möhringen fließt das Wasser direkt über die Spalten und Löcher des Untergrunds, wo es auf einer Strecke von ungefähr 200 Metern – oft mit gurgelndem Geräusch – bei Normalwasser als Strudel größenteils versinkt oder versickert. An heißen Sommertagen ist der Fluss manchmal richtig ausgetrocknet. Die Versinkungsstellen sind oft an angeschwemmtem Holz oder anderem Treibgut zu erkennen. Das Flussbett ist durchschnittlich bis zu 220 Tage im Jahr trocken, im Rekordjahr 1921 waren es sogar 309 Tage. Das Wasser tritt 180 Meter tiefer und zwölf Kilometer weiter südlich wieder zutage, und zwar in der Aachquelle, der größten Quelle Deutschlands mit einer durchschnittlichen Schüttung von fast 10 000 Liter/Sekunde. Dabei hat sein Kalkgehalt um etwa die Hälfte zugenommen. Die Durchlaufzeit kann bei hohem Wasserstand dreißig Stunden, bei Trockenheit über achtzig Stunden betragen.

1874 versickerte die Donau bei Immendingen zum ersten Mal vollständig. Dies führte zu spürbaren Ausfällen in der Stadt Tuttlingen mit ihren zahlreichen Unternehmen, deren Triebwerke auf das Wasser angewiesen waren, sowie bei den Mühlen; deshalb kam es im 19. Jahrhundert zu Streitigkeiten der württembergischen Donauanlieger mit den Aachanliegern. Erschwerend kam hinzu, dass sich die Aachquelle in Baden, also in einem anderen Staat befand! So versuchte man, die Versinkungslöcher zu schließen. Damit waren aber die Aachnutzer nicht einverstanden, denn unmittelbar unterhalb der Quelle wur-

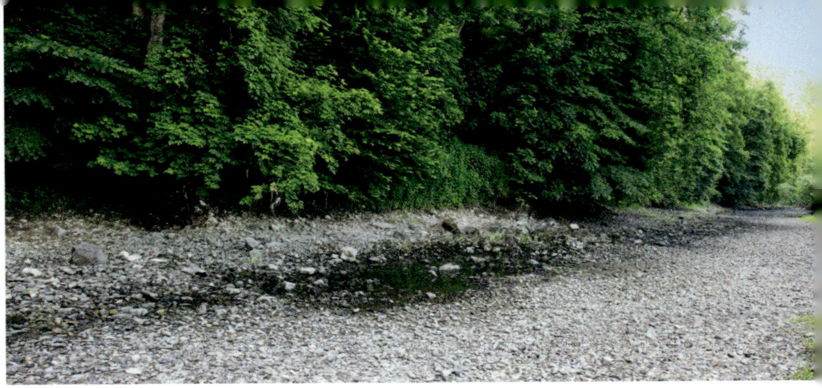

den eine Mühle, ein Hammerwerk, ein Pumpwerk sowie mehrere Spinnereien betrieben. Schließlich wurden die Streitigkeiten vor das Reichsgericht gebracht, das aber auch keine Lösung fand. Es wurde so heftig gestritten, dass man einen Beweis benötigte, dass die Aachquelle aus der Donau gespeist wurde. Im Herbst 1877 machte man einen Versuch, bei dem in die Schlucklöcher bei der Furt in der Nähe des Parkplatzes bei der Hattinger Straße Salz, Farbe und stark riechendes Schieferöl in die Donau eingeschüttet wurden. Diese Stoffe wurden nach zwanzig bis neunzig Stunden am Aachtopf nachgewiesen, und zwar die Farbe durch eine »prächtig grün-leuchtende Färbung«, das Schieferöl durch seinen Geruch und Geschmack und das Salz durch chemische Fällungsreaktion. 1966 machte man einen weiteren Versuch, bei dem man Wasser, das mit zwölf verschiedenen Mitteln versetzt worden war, in neun Schlucklöcher pumpte. Es trat an etwa siebzig Stellen wieder aus!
Die Verkarstung geht natürlich weiter – ein größerer Einbruch im Flussbett ereignete sich beispielsweise am 24. Juni 1994 um 11.30 Uhr. Die dabei entstandenen Versinkungstrichter weisen eine Tiefe von rund drei Metern auf. Um die Donau nicht völlig trocken fallen zu lassen, hat man in den 1960er-Jahren einen Umleitungsstollen zwischen Immendingen und Möhringen gebaut.

Auf dem schmalen Wanderweg kommt man zu den Versinkungsstellen der Donau.

10 Auf die Höhe zur Höhle

Wald und Aussichtsfelsen, zurück entlang der Donau

Mittel | 11,5 km | 300 Hm | 3.30 Std.

Tourencharakter: Forstwege und Pfade, zurück durch das Donautal auf einem asphaltierten Weg. Der Abstieg vom Gansnestturm ist ein steiler Steig. Ohne Lochfels ist die Tour etwa 800 Meter kürzer und es fallen 90 Höhenmeter weg.

Tourenverlauf: Mühlheim/Altstadt – Mühlheimer Felsenhöhle – Lochfelsen – Hintelestal – Kolbinger Höhle – Gansnestturm – Donautal – Altstadt

Ausgangspunkt: Mühlheim an der Donau (verschiedene Wanderparkplätze um den Friedhof, Straße Altstadt), GPS-Koordinaten: 48.037019, 8.892070

Anfahrt: A 81 bis Ausfahrt Tuningen, dann B 523 nach Tuttlingen und L 277 über Nendingen nach Mühlheim. Die Altstadt links der Donau ist über die Kolbinger Straße zu erreichen; ÖPNV: Bahn über Tuttlingen nach Mühlheim (Donau); Info: www.efa-bw.de

Einkehr: Mühlheim, Kolbinger Höhle (falls geöffnet), Fridingen

Karte: Freizeitkarte 507 Villingen-Schwenningen (LGL)

Verschiedene Felsen auf dieser Tour bieten uns eine prächtige Sicht hinab ins Donautal. Wer sich für Höhlen interessiert, wird an der Kolbinger Höhle seine Freude haben. Zurück gehen wir entlang der idyllischen Donau.

Um den Friedhof in der sogenannten Altstadt von Mühlheim finden wir verschiedene Parkplätze. Am Ende des Friedhofs in der Straße Altstadt steht das Wanderschild Friedhof Mühlheim (644 m). Hier nehmen wir den rechts über den Hang ansteigenden Pfad. Er führt uns zunächst über die freie Hangfläche, die uns eine erste Aussicht auf die Altstadt Mühlheims mit dem Schloss und die Donau bietet. Danach folgt ein uriger Wald mit markanten Bäumen, Schutthalden und mächtigen Felsen. Wir kommen an der **Mühlheimer Felsenhöhle** (1) vorbei, danach haben wir den Anstieg zum größten Teil geschafft.

Die auf 93 Meter begehbare Mühlheimer Höhle liegt im Oberen Jura hinter der St. Gallus-Kirche. Sie wurde 1912 erschlossen. Sie beginnt mit einer großen Vorhalle, dann wird es enger. Etwa zwanzig Meter vom Eingang entfernt geht es ca. 2,5 Meter nach oben, danach fällt das Terrain ab bis zur Großen Halle, der schönsten der Höhle. Man erreicht sie über eine acht Meter lange Leiter. Außerdem gibt es noch eine dritte Halle. In der Mitte überquert man auf einer Brücke einen 25 Meter tiefen Spalt. Man sieht schöne Tropfsteine, Sinterbecken und Wandversinterungen, außerdem als Besonderheit Perlsinter, der sich an den Wänden befindet. Sie ist an Christi Himmelfahrt beim

Höhlenfest des Schwäbischen Albvereins zugänglich und beleuchtet.

Draußen, an der Kreuzung beim Schild Mühlheimer Felsenhöhle (793 m), gehen wir geradeaus weiter. Bald erreichen wir an einem querenden Weg das Schild **Eckersteig** (798 m) 2. Hier behalten wir unsere Richtung bei, können aber zuerst einen Abstecher nach rechts zum Lochfelsen machen. Wir folgen dazu dem leicht fallenden Weg, bis in einer Rechtskurve links ein Weg abgeht, der uns hinauf zum **Lochfelsen** (784 m) 3 bringt. Hier sieht man die bewaldeten Hänge und die mächtigen Felsen am Trauf.

Danach gehen wir wieder zurück und biegen rechts ab, ebenso am nächsten Querweg. Nun kommen wir hinab ins **Hintelestal** 4. Danach steigt es wieder an. Am Querweg beim Schild **Einschlag** (820 m) 5 biegen wir rechts ab. Ab jetzt wandern wir an einigen Spielstationen für Kinder vorbei. Bald folgt eine Verzweigung, an der wir uns rechts halten.

An einem bald rechts liegenden Aussichtspunkt sehen wir hinab ins Hintelestal und ins Donautal.

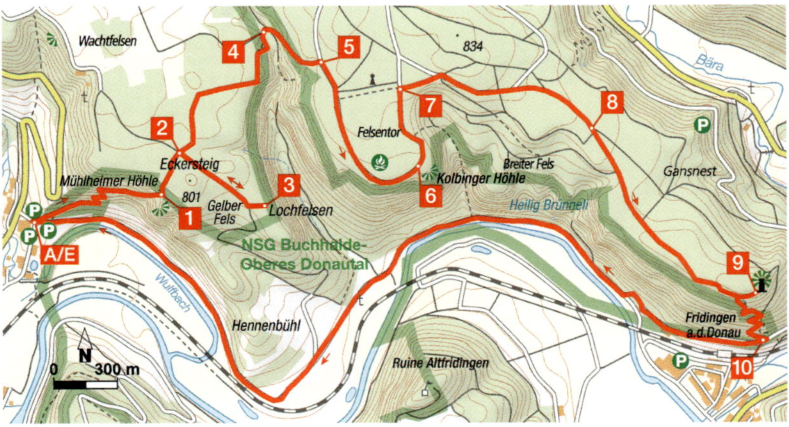

300 Meter weiter stehen wir an der Hütte der **Kolbinger Höhle** (815 m) 6.

Vom hinter der Hütte liegenden Aussichtspunkt sehen wir in Richtung Fridingen das Donautal. Wir folgen dem vor der Hütte verlaufenden Weg in Richtung »Gansnest«. Am bald folgenden Schild **Wasenhalde** (823 m) 7 biegen wir rechts ab auf einen Naturweg. Er bringt uns zu einem geschotterten Forstweg, dem wir nach rechts folgen. An der Verzweigung beim Schild **Hamburg** (815 m) 8 orientieren wir uns rechts. Nun folgen wir dem Forstweg bis zum Schild Gansnest (797 m). Hier geht unser Weg zwar nach rechts weiter, zuerst spazieren wir aber noch kurz geradeaus zum **Gansnestturm** 9.

Kolbinger Höhle

Die Kolbinger Höhle, die nach einem Kolbinger Uhrmacher benannte Stephanshöhle, war schon seit etwa hundert Jahren bekannt, als 1913 Mitglieder des Schwäbischen Albvereins einen Durchschlupf zu der imposanten Tropfsteinhöhle entdeckten; heute sind beide Höhlen vereinigt. Insgesamt ist die Höhle 330 Meter lang, die Schauhöhle 88 Meter. Es ist die schönste und einzige gut zugängliche Schauhöhle der südwestlichen Alb. Es sind viele Stalaktiten und Stalagmiten sowie Wandversinterungen zu sehen. Man betritt die Höhle nach dem mächtigen Felsentor, einer 16 Meter langen Durchgangshöhle (Höhlenruine), und steigt über Treppen in den Stephansdom. Danach kommt man auf einer Treppe durch die »Klamm«, in der man sehenswerte Karsthohlformen wie beispielsweise den »Lampenschirm« findet, und anschließend hinauf zu einem schmalen Durchschlupf, der zu der eigentlichen Tropfsteinhöhle führt. Hier entdeckt man die Felsenstube, den Arkadenhof und das Maurische Schlösschen. Am Übergang zur dritten Halle sieht man wohl die prächtigsten Tropfsteine, und über eine enge Treppe gelangt man zum schönsten Teil, der Gralsburg und dem Sagenschloss.

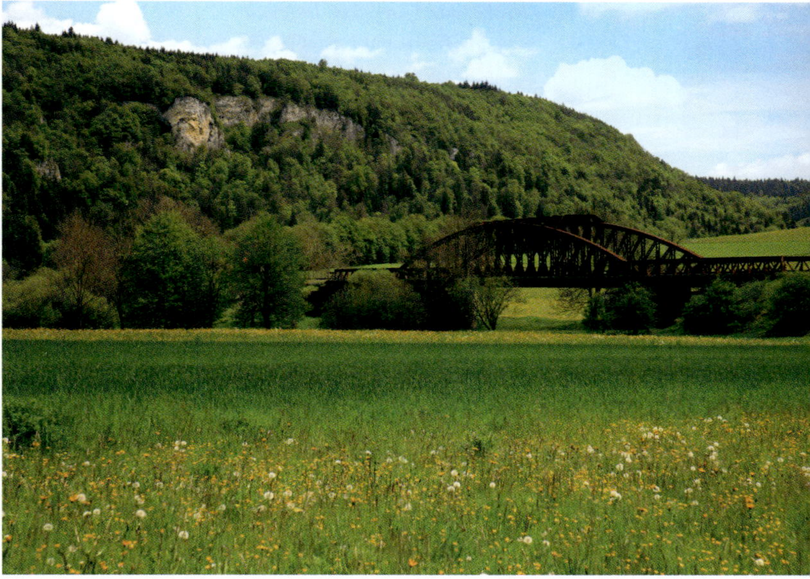

Auch eine verrostete Eisenbahnbrücke bringt ein wenig Romantik in die Landschaft.

Der 17 Meter hohe Aussichtsturm Gansnest wurde 1922/23 zusammen mit einem Speicherbecken erbaut und war das ehemalige Schieberhaus dieser Anlage. Man pumpte mit billigem Nachtstrom das Wasser hoch und leitete es zu den Turbinen im Kraftwerk Fridingen. Da sich der Betrieb nicht lohnte, wurde der Turm 1960 stillgelegt und 1967 von der EVS dem Schwäbischen Albverein als Aussichtsturm übereignet. Danach gehen wir ab dem Schild auf einem schmalen, steilen Steig in Serpentinen abwärts bis zu einem **Forstweg** 10 ohne Zeichen und Markierung. Hier biegen wir rechts ab und wandern sanft abwärts bis zu einem Asphaltweg. Er bringt uns nach rechts zurück zum Ausgangspunkt. Unterwegs kommen wir am Heilig Brünneli sowie an den Schildern Breiter Fels unten (633 m) und zweimal Birkenloch (631 m) vorbei.

Mühlheim an der Donau – die sogenannte Altstadt

Interessant ist nach der Tour ein Blick auf das Ensemble der sogenannten Mühlheimer Altstadt. Hier steht im ummauerten Friedhofsgelände an der Stelle eines ehemaligen Römerkastells die 1275 erstmals erwähnte St. Gallus-Kirche, die ehemalige Stadtkirche. Sie war die Mutterkirche der Gegend und geht auf die Frühzeit des Christentums in der Gegend zurück. Der erste Bau wurde wohl im 9. Jahrhundert errichtet und ist dem hl. Mauritius geweiht, der zweite Patron Gallus weist vielleicht auf den zunehmenden Einfluss des Klosters St. Gallen hin. Sie war ab 1409 im Besitz der Herren von Enzberg, denen sie auch als Grablege diente. Im Jahr 1430 fand eine weitere Weihe statt, und 1734 wurde die Kirche barockisiert. Der heu-

Eine Besonderheit der Kirche ist das musivische Mauerwerk.

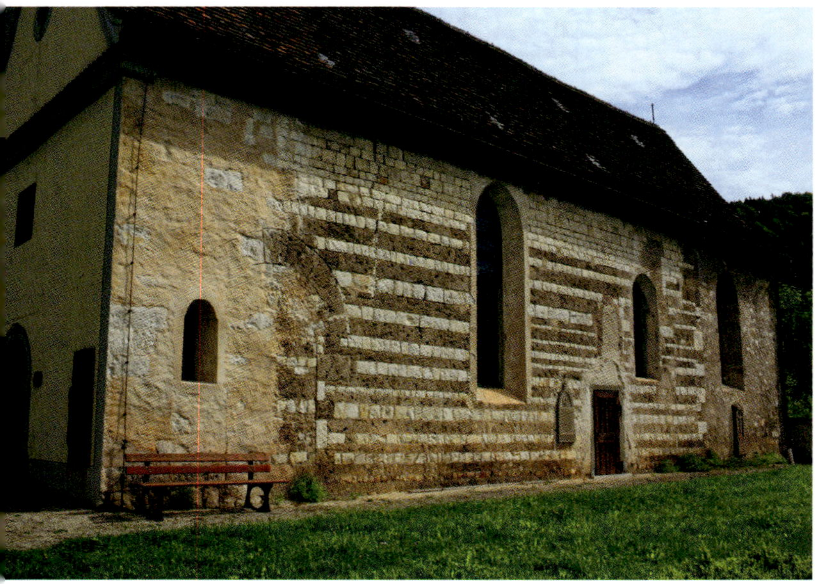

tige einschiffige, schlichte romanische Bau zeigt ein interessantes musivisches Mauerwerk. Diese Schichtung von dunklen und hellen Steinen verschiedener Farben – heller Kalkstein mit Streifen von Tuffstein – ist ein typisches Merkmal der Romanik des 10. und 11. Jahrhunderts. Auf diese Periode weisen auch die Rundbogenfenster, das rundbogige Westportal und das vermauerte rundbogige Südportal hin. Der rechteckige Chor und das mit einer Tonne gewölbte Seitenschiff auf der Nordseite sind Kennzeichen der Gotik. Aus der Romanik ist noch das südliche Seitenschiff mit den hoch angelegten Rundbogenfenstern erhalten. Im Chor sieht man gotische Spitzbogenfenster.

Innen ist das Gotteshaus mit gotischen Fresken geschmückt. Die im 14. und 15. Jahrhundert entstandenen Wandmalereien wurden 1734 bei der Barockisierung übertüncht, 1909 freigelegt und 1970 restauriert. Weitere Malereien in den Zwickelflächen des Triumphbogens stammen aus dem frühen 16. Jahrhundert. Eine aus der Gotik stammende Darstellung der Kreuzigung findet man im Langhaus. Die Schutzmantelmadonna am Hochaltar wurde 1754 von Franz Korb geschaffen. An den Seitenaltären sieht man Bilder des Mühlheimers Anton Kolb mit den Themen »Heimgang Mariens« und »hl. Gallus« von 1774. An der Nordwand befindet sich ein Votivbild, das an die von Friedrich von Enzberg gegründete Schutzmantelbrüderschaft erinnert. Daneben steht das zweigeschossige Mesnerhaus, das mit einem Satteldach gedeckt ist.

Die 1458 erstmals erwähnte Veitskapelle diente bis zur Renaissancezeit als Beinhaus, dann als Andachtsort zum hl. Veit. Auch eine Wallfahrt gab es hierher, die von einem großen Kinderfest begleitet war. Die Kapelle besitzt eine bemerkenswerte Außenkanzel im Rokokostil aus dem 18. Jahrhundert. Ihr Altar stammt aus dem Barock.

11 Wallfahrtskirche und Aussichtspunkte

Religiöse Zeugnisse und viel Natur

Mittel | 9,5 km | 270 Hm | 3 Std.

Tourencharakter: Wir wandern auf festen Wegen und Pfaden.

Tourenverlauf: Fridingen – Wachtfels – Maria Hilf – Bergsteig – Donautal – Fridingen

Ausgangspunkt: Fridingen (gedeckte Holzbrücke in der Straße Unterer Damm), GPS-Koordinaten: 48.019768, 8.929677

Anfahrt: A 81 bis Ausfahrt Tuningen, dann B 523 nach Tuttlingen und L 277 über Nendingen und Mühlheim nach Fridingen, Parkmöglichkeiten finden wir in den Straßen um den Ausgangspunkt. Einen großen Wanderparkplatz gibt es auch oberhalb des Schilds Erdkeller in der Straße Kirchberg, an dem man auf dem Rückweg vorbeikommt; ÖPNV: Bahn über Tuttlingen; Info: www.efa-bw.de

Einkehr: Bergsteig, Fridingen

Karte: Freizeitkarte 507 Villingen-Schwenningen (LGL)

Diese Wanderung steht unter den Zeichen Volksfrömmigkeit und Aussicht. Auf der Tour durch schöne Wald- und Wiesengebiete kommen wir an der St. Anna-Kapelle und danach an einem Bildstock vorbei. Kultureller und historischer Höhepunkt ist die mächtige Kirchenruine Maria Hilf.

Wir überqueren in der Straße Unterer Damm die gedeckte Holzbrücke und halten uns nach dem ersten Haus rechts zur Tuttlinger Straße. Dort biegen wir links ab und kommen zum Schild Fridingen St. Anna-

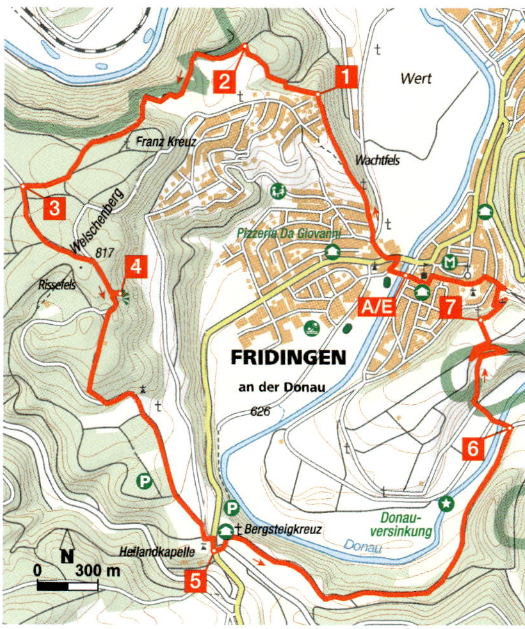

Kapelle (625 m). Links sehen wir die Kapelle.

Wir halten uns rechts in den Gatterweg. Gleich darauf an einer Linkskurve zweigen wir rechts ab, nun steigen wir eine Weile Treppenstufen hinauf. Nach dem Gebäude Am Wendelstein 22 geht es auf einem Naturweg weiter bergauf. Wir passieren einen Bildstock und den Wachtfels und kommen kurz durch ein Waldstück, danach geht es relativ eben am Trauf entlang weiter.

Bald wandern wir rechts an einem **Wohngebiet** 1 vorbei, danach kommen wir auf einem breiten, abwärts führenden Schotterweg wieder in den Wald. Wo dieser nach rechts zieht, zweigen wir links ab und steigen auf einem Naturweg wieder an, jetzt entlang einer blühender Wiese. Am Ende der Wiese biegen wir im querstehenden Wald links ab 2.

Nach einiger Zeit erreichen wir das Schild Unter Altfridingen (791 m). Hier könnte man einen Abstecher zum Standort der ehemaligen Burg Altfridingen machen.

Wenn wir weiter geradeaus gehen, kommen wir an einem Aussichtspunkt mit Bank vorbei, danach folgen wir – bergauf und bergab – dem Pfad bis zu einer Kreuzung. Hier halten wir uns rechts in den breiten Weg und kommen zur **Ruine der Wallfahrtskirche Mariahilf** 3.

Nach der Besichtigung der Ruine gehen wir wieder hinauf zum Forstweg und zum Schild Ruine Maria Hilf (792 m). Hier folgen wir dem Wegweiser zum

St. Anna-Kapelle

Die St. Anna-Kapelle entstand erstmalig um 1400 und diente als Wallfahrtskapelle. Im 18. Jahrhundert wurde sie erweitert und barockisiert, dabei hat man auf der Südseite eine Einsiedelei – sie bestand bis 1940 – und zwei Chöre mit Empore angebaut, wodurch das Gebäude seinen kreuzförmigen Grundriss erhielt. Für den Einsiedler wurde auf der rechten Seite der Empore ein kleines Guckloch angebracht. Nach der Säkularisation sollte die Kapelle 1818 geschlossen und abgebrochen werden, die Wallfahrten wurden verboten. Später wurde sie auf Abbruch verkauft, was aber dadurch verhindert wurde, dass der damalige Schultheiß auf die Anweisungen nicht reagierte. Innen ist die Kapelle vor allem in lebhaftem Barock- und Rokokostil ausgestattet. Außen sieht man Gemälde der hl. Familie und von Johannes dem Täufer.

»Bergsteig«. Wir passieren das Schild **beim Rissefels** (813 m). Kurz darauf können wir nach links einen Abstecher zu diesem **Fels** ❹ machen. Er bietet nicht nur eine grandiose Aussicht auf Fridingen, sondern besitzt sogar ein Kreuz.
Danach folgen wir weiter dem Weg, zweigen aber etwas später in einer Rechtskurve links ab. Nun geht es auf einem Naturweg steil hinab zu einem querenden Schotterweg. Wir halten uns links und wandern, bald durch Wiesen, zu den **Gaststätten am Bergsteig** (689 m) ❺. Unser Weg geht auf der anderen Straßenseite weiter, wo wir nach dem Restaurant am Schild Bergsteig Parkplatz (690 m) links in Richtung »Fridingen Ziegelhütte« abbiegen.

Wallfahrtskirche Mariahilf

Um 1500 war ein Bildstock auf dem Welschenberg bekannt. Im Jahr 1649, in den schweren Zeiten nach dem Dreißigjährigen Krieg, heftete der Pfarrer Georg Walter ein Marienbild an eine Eiche. Eine erste Kapelle wurde 1652 errichtet. Nun setzte eine beliebte und große Wallfahrt ein. Gegenstand der Verehrung war ein Gnadenbild, das in einer Eiche, die mitten in der Kirche stand, eingelassen war. Um den Stamm standen vier Marmorsäulen. Die Pilger kamen von weither, auch aus dem Elsaß, dem Schwarzwald, Burgund, Vorarlberg und der Schweiz, bis zu 30 000 jährlich sollen es gewesen sein. 1661 wurde die steinerne Kirche Mariahilf erbaut, danach ein Wirtshaus. 1754–56 hat man eine Kirche im Barockstil errichtet. Besonders groß war der Andrang in der Pfingstwoche, wenn samstags oft zwanzig Gruppen eintrafen. Für sie wurden eine Herberge, ein Krämerladen sowie ein Back- und Waschhaus errichtet. Zur Zeit der Aufklärung nahm die Wallfahrt ab und wurde schließlich 1811 durch ein Dekret von König Friedrich von Württemberg verboten. Die letzte Messe fand 1812 statt. Die Kirche wurde dann auf Abbruch verkauft und 1813 größtenteils abgebrochen.

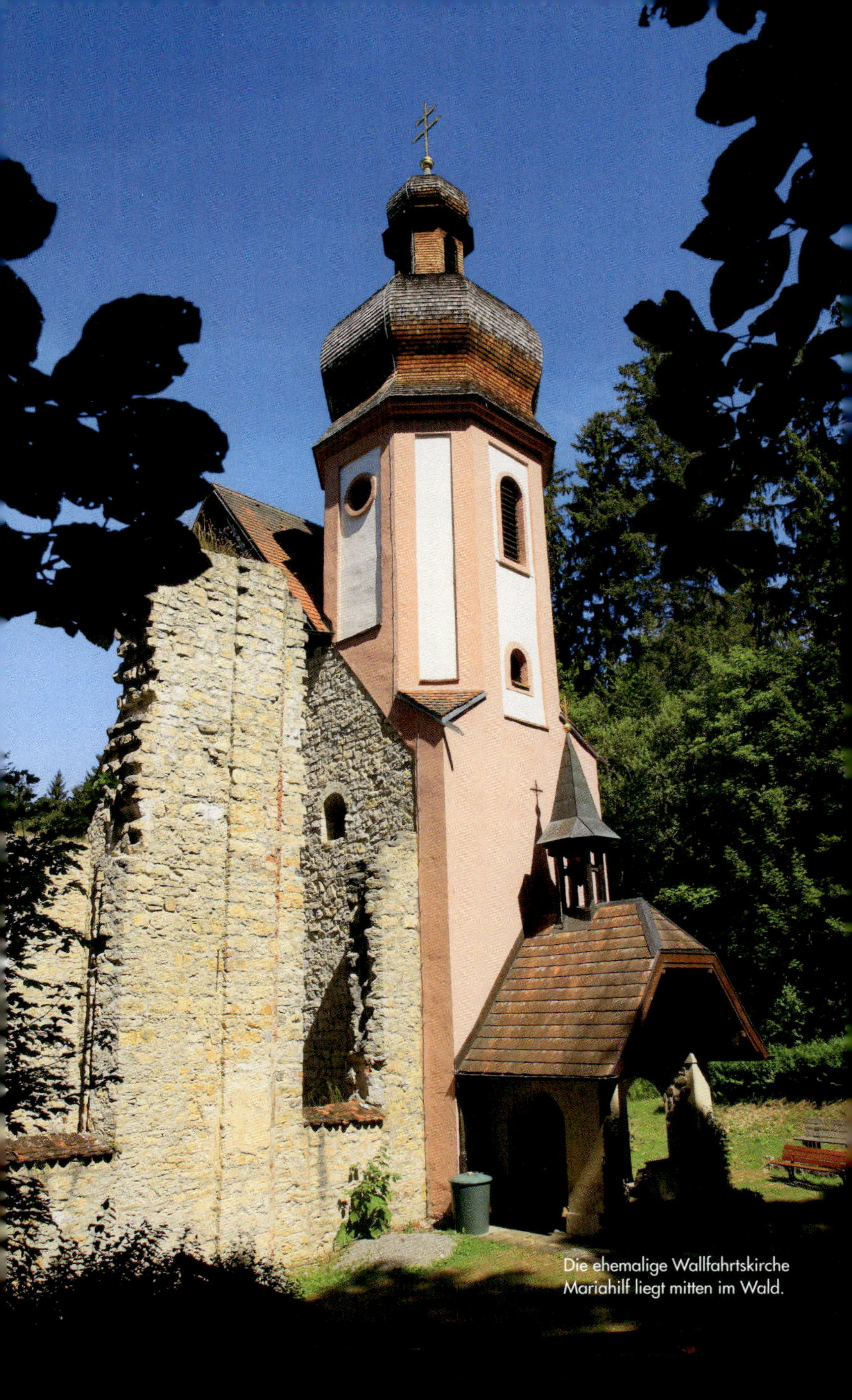

Die ehemalige Wallfahrtskirche Mariahilf liegt mitten im Wald.

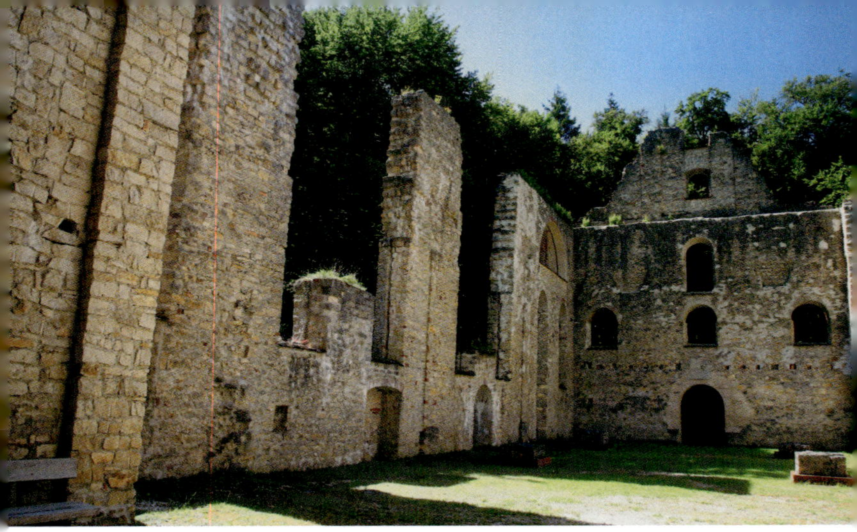

Von der einst großen Anlage der Wallfahrtskirche sind nur noch Ruinenreste erhalten.

Nach dem links stehenden Aussichtspunkt mit Kreuz folgen wir dem Fahrweg hinab bis zum Schild **Ziegelhütte** (620 m)/**Ziegelsteg West** (620 m) 6. Wir überqueren die Donau und gehen, vorbei am Schild Ziegelsteg Ost (620 m), geradeaus weiter zum Waldrand. Dort wandern wir auf dem im Wald ansteigenden Pfad, der in der anschließend folgenden Lichtung nach rechts zieht. Am Schild Lugen (669 m) zweigen wir links ab und gehen hinauf zu einem Schotterweg. Wir biegen links ab und und spazieren bis zu einem links liegenden Aussichtspunkt mit einer Bank. Hier hat man einen schönen Blick hinab ins Donautal, zur Ziegelhütte und zum Laibfelsen. In weiterer Entfernung schaut das Schloss Bronnen aus dem Wald heraus.

Gleich danach biegen wir scharf rechts ab. Kurz darauf folgen wir dem Naturweg nach links zu einem **Holzkreuz** 7. Von hier haben wir Aussicht auf Fridingen. Hier gehen wir mit den Zeichen des Rundwegs rechts hinab. Bald treffen wir auf eine Kapelle (Kriegerdenkmal). Weiter dem schmalen Pfad folgend erreichen wir die Straße Kirchberg und das Schild Erdkeller (669 m). Rechts davon liegt ein großer Wanderparkplatz.

Wir biegen links ab und halten uns an der nächsten Querstraße, wo es nicht mehr weitergeht, links. Vorbei an der Kirche kommen wir zur querenden Gartenstraße. Hier halten wir uns links, gleich danach rechts in die Schulstraße und stehen kurz darauf wieder vor der gedeckten Holzbrücke. Jetzt empfiehlt sich noch ein Besuch des altertümlichen Städtchens Fridingen.

Fridingen

Eines der reizvollsten Städtchen im Bereich der Oberen Donau ist Fridingen, das mit prächtigen Fachwerkhäusern mit Fassadenmalereien zum Besuch lockt. Auch von der ehemaligen Befestigung sind noch Reste vorhanden, und manche der alten Häuser sind auf die Stadtmauer aufgesetzt. Das Ifflinger Schloss ist ein hohes Gebäude mit Staffelgiebel, das um 1500 zu einem repräsentativen Schloss umgebaut wurde. 1793 erwarb die Stadt Fridingen das Gebäude, daraufhin wurde es als Armenhaus, Fabrik, Schule und Feuerwehrmagazin genutzt. Heute sitzt hier das Heimatmuseum »Oberes Donautal«. Die Kirche St. Martin wurde 850 in einer Schenkungsurkunde des Klosters St. Gallen erwähnt. Mitte des 19. Jahrhunderts wurde an Stelle der schlecht erhaltenen Vorgängerkirche die heutige neuromanische Kirche aus Tuffstein erbaut. Hinter der Kirche steht eine Ölbergkapelle mit einer Christusstatue von etwa 1650. Sie wurde um 1890 im Beuroner Kunststil umgebaut. Das Alte Pfarrhaus gegenüber dem Rathaus geht auf einen Umbau im Jahr 1824 zurück. Die Zehntscheuer, Zehntscheuergasse, trägt an ihrem Tor ein großes Wappen der Österreicher – den Doppeladler, der im Brustschild die Jahreszahl 1764 trägt. Das 1554 erbaute Scharfeck beim ehemaligen Oberen Tor ist das älteste Wohnhaus der Stadt und wurde von der Kunstmalerfamilie Bucher bewohnt. Die Wandmalereien stammen vor allen von Xaver und Hans Bucher und zeigen Szenen aus der Geschichte Fridingens und einheimische Sagen. Am Litschenberg nordöstlich des Rathauses sieht man noch Teile der mit Häusern überbauten Stadtmauer.

12 Vom Donautal zur Ruine Kallenberg

Wilde Wege und grandioser Blick hinab ins Tal

Leicht | 9 km | 230 Hm | 2.30 Std.

Tourencharakter: Wir wandern auf festen Wegen, aber auch auf Pfaden, die steinig und teilweise recht wild sind. In der zweiten Hälfte folgt ein Wegstück, das schlecht markiert ist.

Tourenverlauf: Fridingen/Bergsteig – Donautal – Ziegelhütte – Wolfental – Ruine Kallenberg – Ellensohn-Kreuz – Schäfertal – Bergsteig

Ausgangspunkt: Fridingen (Bergsteig), GPS-Koordinaten: 48.008032, 8.917233

Anfahrt: A 81 bis Ausfahrt Tuningen, dann B 523 nach Tuttlingen und L 277 über Nendingen und Mühlheim zum Ausgangspunkt Bergsteig kurz vor Fridingen, gleich nach der großen Linkskurve; ÖPNV: Bahn über Tuttlingen nach Fridingen, dann die Tour dort beginnen; Info: www.efa-bw.de

Einkehr: Bergsteig

Karte: Freizeitkarte 507 Villingen-Schwenningen (LGL)

Wir wandern durch einen der schönsten Abschnitte des Donautals, der zudem noch autofrei ist. Danach geht es auf einem Steig durch das wildromantische Wolfental hinauf zur Ruine Kallenberg. Auch ein Teil des Rückwegs verläuft auf einem wilden Pfad.

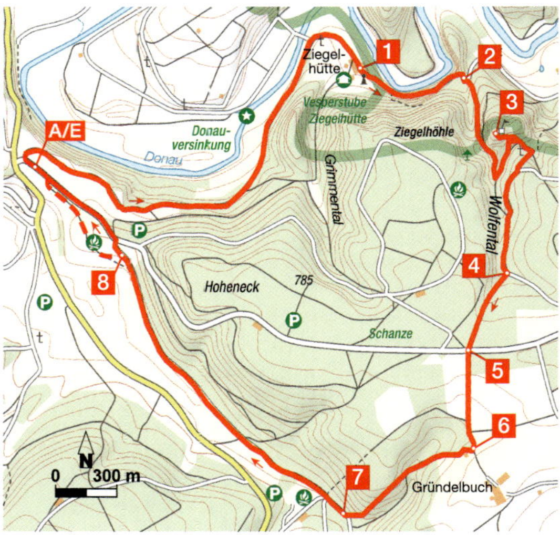

Wir nehmen am Parkplatz Bergsteig (690 m), der direkt beim Restaurant und nördlich der K 5940 liegt, das mit dem roten Kreuz markierte Schottersträßchen in Richtung »Ziegelhütte«. Gleich darauf sehen wir links ein großes Holzkreuz; von hier aus hat man einen schönen Blick hinab nach Fridingen.

Der Weg führt hinab ins Donautal, wo wir an Weiden vorbeiwandern. Am Schild Ziegelhütte West (620 m)

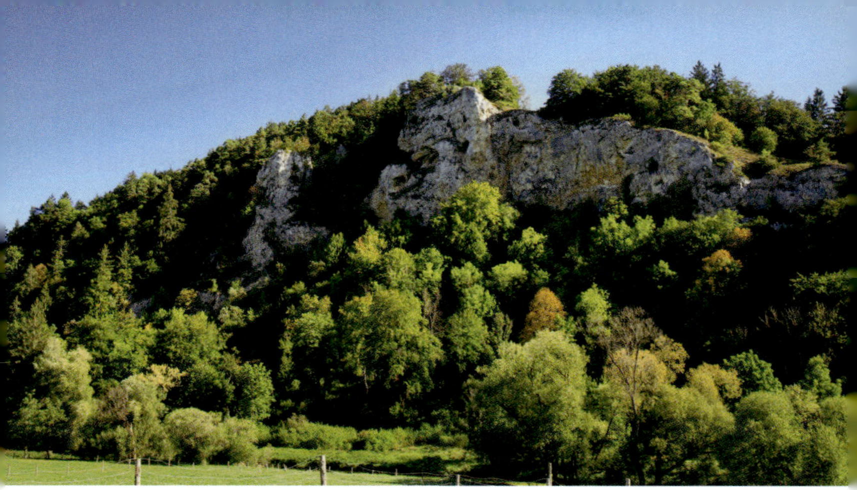

Auch dieses Stück des Donautals ist von mächtigen Felswänden aus Kalkstein umgeben.

gehen wir geradeaus weiter. Ab jetzt bis in den Wald sind Ausweichwege angeschlagen, auf denen man außerhalb der Weidezeit den Radweg umgehen kann. Nach der **Ziegelhütte** 1 betreten wir den Wald. Dort stoßen wir ein Stück bergauf nach einer S-förmigen Kurve auf das Schild **Schänzle** (638 m) 2. Hier biegen wir rechts ab ins Wolfental.

Nach einiger Zeit des Aufstiegs stoßen wir auf einen breiten Forstweg, dem wir in Gehrichtung folgen. Kurz darauf am Schild Wolfental (715 m) biegen wir links ab. Bald stehen wir am Schild Ruine Kallenberg (751 m). Hier geht es nach links weiter. Etwas später steigen wir auf einer Treppe hinauf zur **Ruine** 3. Das spitze Holztürmchen kurz vor der Burg erinnert an Hans Otto von Ow aus Wachendorf (1843–1921), den letzten Besitzer der Burg.

Zurück gehen wir am Schild Ruine Kallenberg vorbei und kommen zu der Stelle, an der einst der Kallenberger Hof (740 m) stand.

Höhenburg Kallenberg

Die Höhenburg Kallenberg steht auf einem steil abfallenden Bergsporn und war zeitweise der Mittelpunkt einer gleichnamigen Herrschaft. Sie wurde vermutlich um 1200 erbaut und 1221 erstmals erwähnt. Die Kallenberger waren wahrscheinlich Lehnsleute der Grafen von Hohenberg, ab 1381 der Österreicher. Von ihnen wurde sie an verschiedene Adelige verpfändet. Man betritt die Ruine über eine Vorburg. Der Burghof ist relativ klein. Am beeindruckendsten ist heute der Bergfried, der etwa acht Meter im Quadrat misst und mehr als 20 Meter hoch ist.

Wolfental

Das Wolfental ist ein schmales, steil ansteigendes Tal, für den der Begriff wildromantisch wie geschaffen zu sein scheint. Der schmale Pfad ist steinig und links und rechts von größeren und kleineren Felsbrocken gesäumt, die ihr urtümliches Aussehen teilweise höhlenartigen Auswaschungen zu verdanken haben. Die wild wuchernde Natur lässt Urwaldgedanken aufkommen, und man sieht viele umgestürzte, vermodernde Baumstämme, die dick mit Moos bedeckt sind.

Hier biegen wir rechts ab und gehen auf dem mit dem Zeichen rote Gabel markierten Naturweg in Richtung »Ellensohn-Kreuz«. Bald treffen wir auf einen Schotterweg, der uns zum Schild Oberes Wolfental (728 m) bringt. Hier halten wir uns links.

Anschließend dürfen wir an einer Linkskurve den rechts abgehenden Weg nicht verpassen 4. Das Zeichen Rote Gabel ist schlecht zu sehen. Er bringt uns zum **Ellensohn-Kreuz** 5 an der K 5940.

Wir überqueren die Straße und gehen – vorerst nur mit spärlichen Rundwegzeichen – auf den in der Ferne sichtbaren Hof Gründelbuch zu. In der Folge gehen wir links an einem Wald vorbei. Bevor es zu dem Hof wieder ansteigt, zweigt rechts ein – digital nicht hinterlegter – Weg ab 6. Zeichen sehen wir vorerst keine, später das Rundwegzeichen.

Im Wolfental findet man eine wilde Natur mit viel Totholz.

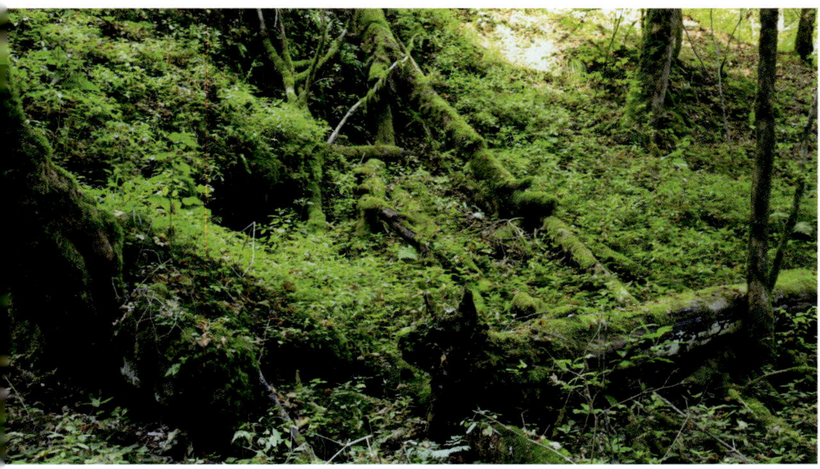

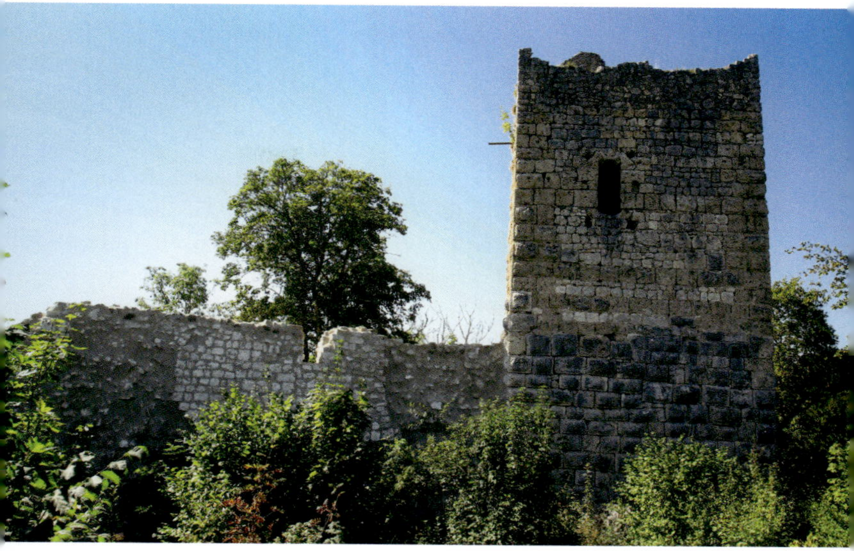

Die Ruine Kallenberg besitzt einen mächtigen Turm. Sie wurde gut gesichert und renoviert und bietet einen prächtigen Blick hinab ins Tal.

Wir wandern auf dem erdigen Weg immer bergab, bis wir nach einer Rechtskurve auf einen Schotterweg und das Schild **Schäfertal** (691 m) 7 stoßen. Hier biegen wir rechts ab. Am Schild Neuhäuser Tal (Ost) (687 m) gehen wir geradeaus vorbei. Bald verlassen wir kurzfristig den Wald und wandern am Waldrand entlang. Kurz darauf halten wir uns an einer Verzweigung rechts. Links des Waldes geht es weiter bergauf, wobei wir später links in ein Trockental hinabsehen können.

Nach weiterem Anstieg stoßen wir auf die K 5940, der wir nach links zurück zum Ausgangspunkt folgen. Wer nicht neben der Straße gehen will, hat kurz vor ihr eine andere Möglichkeit: Etwas unterhalb der Straße zweigt links ein kaum erkennbarer Wiesenweg ab 8. Auf der amtlichen Karte ist er allerdings als Wanderweg markiert. Er führt durch die Wiesen direkt zu den Parkplätzen.

13 Felsengarten und Aussicht

Zwei Felsköpfe über dem Donautal

Leicht | 6,7 km | 120 Hm | 1.30 Std.

Tourencharakter: Wir wandern auf festen Wegen und Pfaden. Beim Wanderheim gibt es einen Spielplatz. Falls man nur zum Felsengarten gehen möchte: Der Weg ist einfach 1,7 Kilometer lang, zum Eichfelsen sind es noch 200 Meter mehr.

Tourenverlauf: Irndorf/Wanderheim Rauher Stein – Rauher Stein – Felsengarten – Eichfels – Flurkreuz – durch die Wiesen – Irndorf – Wanderheim

Ausgangspunkt: Irndorf (Sportplätze vor dem Wanderheim Rauher Stein), GPS-Koordinaten: 48.059635, 8.977927

Einkehr: Wanderheim, Sportplatzgaststätten

Karte: Freizeitkarte 526 Sigmaringen (LGL), Wanderkarte Oberes Donautal Blatt 51-532 (NaturNavi)

Wer nur eine leichte, kurze Tour oberhalb des Donautals unternehmen, dabei aber Aussicht satt genießen will und sich dazu noch für die Flora der Schwäbischen Alb interessiert, wird seine Freude an dieser Wanderung haben. Sie kann auch etwas abgekürzt werden.

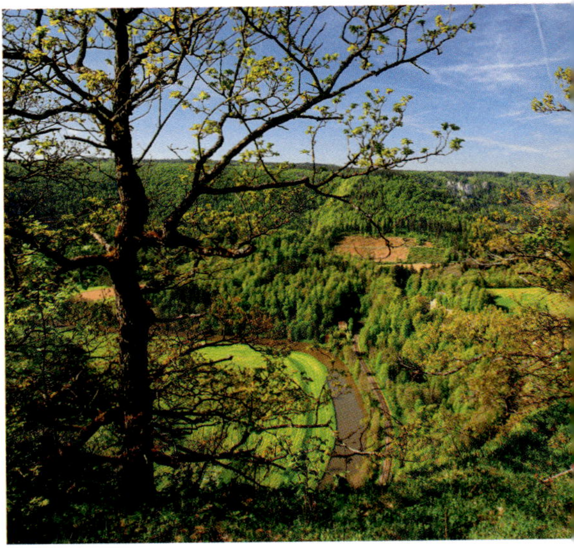

Von verschiedenen Stellen bietet sich bei dieser Wanderung ein schöner Ausblick ins Donautal.

Wir gehen von den Sportplätzen zum Wanderheim des Schwäbischen Albvereins und links an ihm vorbei. Das Wanderheim Rauher Stein (786 m) wurde 1961/62 auf einer Waldwiese in der Nähe des Rauhen Steins erbaut. Es bietet Einkehr- und Übernachtungsmöglichkeiten.

Am Wanderschild Irndorf Wanderheim (794 m) spazieren wir nach links in den Wald. Gleich darauf halten wir uns an der Kreuzung links, zuerst sollten wir aber noch geradeaus weitergehen bis zum Aussichtspunkt **Rauher Stein** 1, der erste dieser Wanderung.

Der Rauhe Stein (786 m) ist ein prächtiger Aussichtsfels mit Blick ins Donautal, man sieht in Richtung Beuron, die Donauschleife bei St. Maurus und die Burg Wildenstein.

Danach gehen wir zurück zur Kreuzung, biegen rechts ab und wandern teils im Wald, teils am Waldrand und entlang von Wiesen. Bald überqueren wir beim Schild Räshalde (780 m) einen festen **Schotterweg** 2, gehen aber geradeaus entlang des Waldrands weiter. Nach einem Linksknick werden wir nach rechts verwiesen. Etwas später erreichen wir den **Felsengarten** 3 und nur ein paar Minuten später sind wir am **Eichfelsen** 4.

Der Eichfelsen (786 m), ein 70 Meter hoher Kalksteinfels, ist einer der schönsten Aussichtspunkte im Donautal; man sieht zur Burg Wildenstein mit ihrem beeindruckenden Felskranz, über den markanten Korbfelsen zum Schloss Werenwag, zu den Schaufelsen, zum Fachfelsen, zum Bandfelsen und hinab ins Donautal mit dem Jägerhaus.

Wir folgen nun weiter dem Trauf und kommen in den Wald. An einem Aussichtspunkt stehen wir genau ge-

Anfahrt

A 81 bis Ausfahrt Empfingen, dann auf der B 463 zur B 27 nach Balingen. Von dort auf der B 463 bis Lautlingen, rechts ab in die Tierberger Straße und hinauf nach Meßstetten. Weiter auf der L 196 über Heinstetten nach Schwenningen. Am Ortsende geradeaus in die Werenwager Straße/K 8213, später in der K 5902 nach Irndorf. Das ausgeschilderte Wanderheim Rauher Stein erreicht man über die Wachtstraße. Ausweichparkplätze gibt es am Naturlehrpfad, vor den Sportplätze, am Wanderheim und nach dem Eichfels.

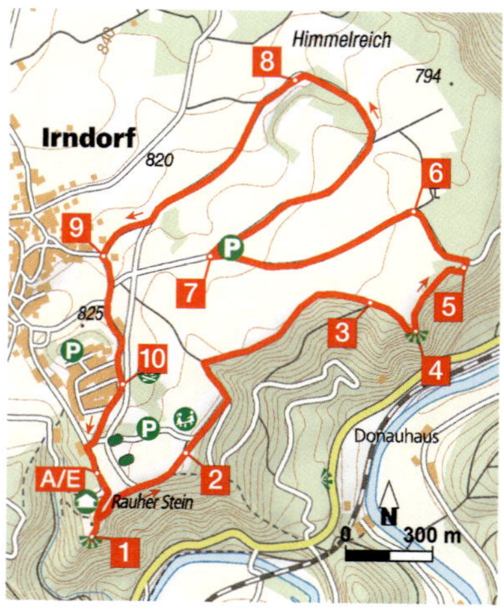

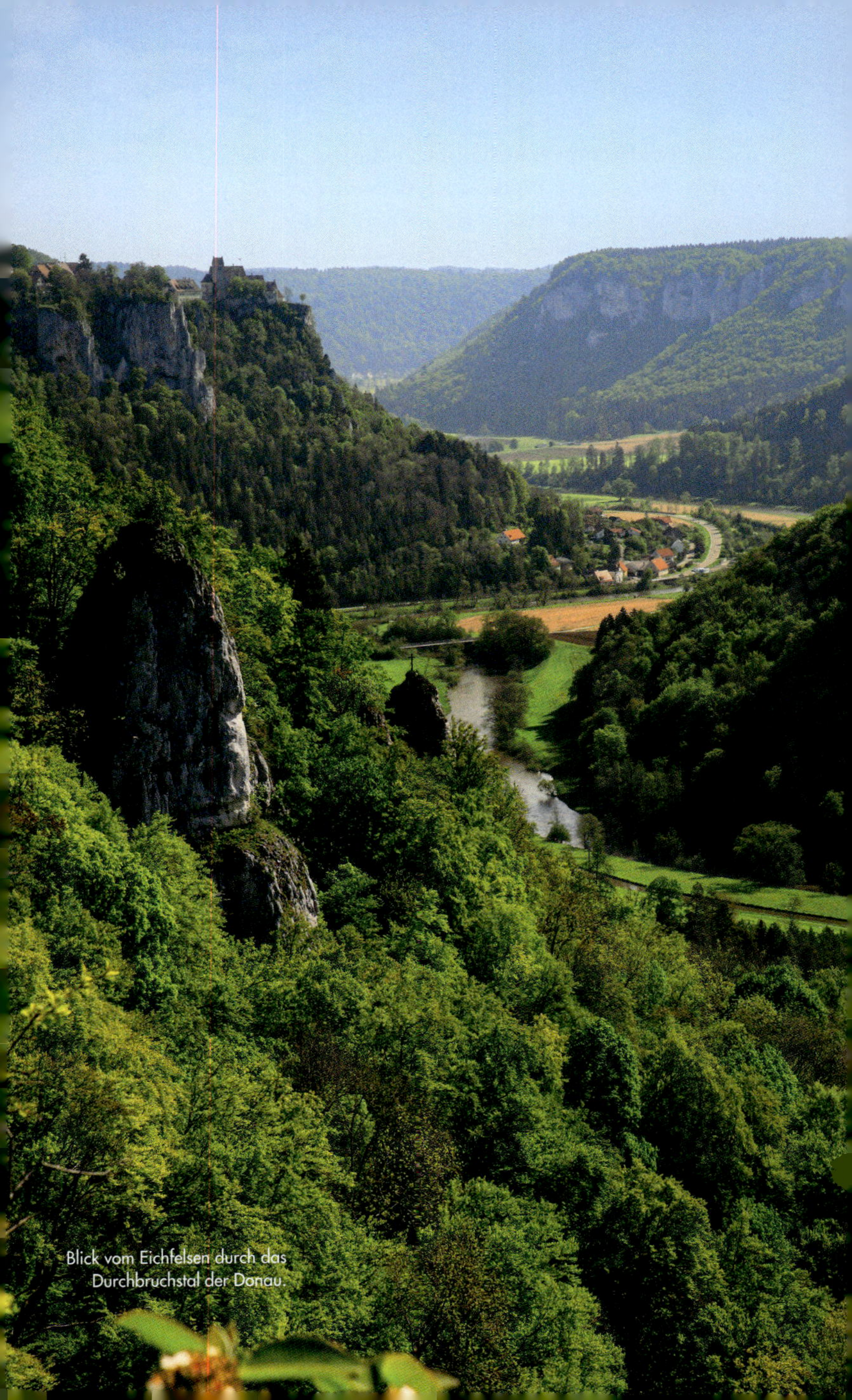

Blick vom Eichfelsen durch das
Durchbruchstal der Donau.

genüber der Burg Wildenstein. Kurz darauf quert beim Schild **Eingang Langenbrunner Straße** (778 m) **5** ein fester Weg. Ihm folgen wir nach links.

Am Querweg beim **Höllen-Kreuz** **6** orientieren wir uns links und wandern auf dem Asphaltweg auf Irndorf zu. Vor dem Ort biegen wir bei einem **Parkplatz** **7** scharf rechts ab. Der Weg bringt uns mit einem Linksbogen in den Wald und wir wandern bis zu einem **Flurkreuz** **8**. Hier halten wir uns am querenden Weg links. Bald erreichen wir nach ein paar Feldscheunen die ersten Häuser von Irndorf. Dort biegen wir links ab in die **vorfahrtsberechtigte Straße** **9** und wandern entlang des Wohngebiets. Nach einiger Zeit liegt links der **Naturlehrpfad Geißenhölzle** **10**. Wer will – Zeit hat man ja – kann diesen noch begehen; eine Karte ist am Eingang angeschlagen.

Der Naturlehrpfad »Geißenhölzle« ist mit Bienenhotel, Insektenturm, Ameisendörfern, Waldbett, Totholzplatz, Wildbieneninseln, Hummelstationen und einem Wald- und Baumlehrpfad ausgestattet; wer sich dafür interessiert kann sich an vielen heimischen Pflanzen und Gehölzen erfreuen. Rund 150 Illustrationen erklären dieses begehbare »Naturlehrbuch«.

Kurz danach stehen wir wieder am Ausgangspunkt bei den Sportplätzen.

Irndorfer Felsengarten

Der Irndorfer Felsengarten wurde 1997/98 von Irndorfer Bürgern und dem Naturpark Obere Donau unter Beratung der Universität Tübingen angelegt. Die Felsvegetation des Oberen Donautals ist etwas Besonderes, denn als botanische Attraktionen gibt es im mittleren Abschnitt des Durchbruchstals viele Reliktpflanzen aus den Eiszeiten sowie Pflanzen, die sonst nur in den Alpen vorkommen. Hier im Felsengarten sieht man seltene und geschützte Pflanzen, die an Felsplateaus, Felsköpfen, Felsbändern, Felswänden oder Felsschutthalden wachsen. Erklärungen findet man auf großen Tafeln. Die Pflanzen wurden teilweise als Samen in der Umgebung gesammelt, im botanischen Garten der Universität Tübingen »großgezogen« und dann wieder hierher gebracht, die ersten Pflänzchen im Jahr 1999. Nachdem rund tausend Pflanzen ausgebracht wurden, ist der Felsengarten dann im Sommer 2000 eingeweiht worden.

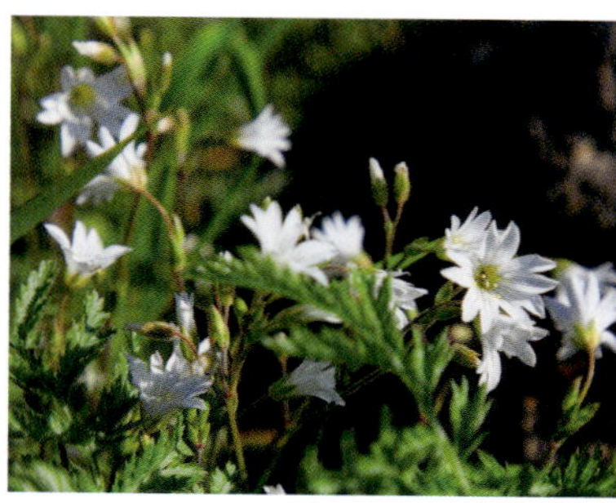

Im Felsengarten kann man sich über die Flora der Schwäbischen Alb informieren.

14 Blick vom Spaltfels

Schönste Aussicht auf Kloster Beuron

Mittel | 11 km | 320 Hm | 3.30 Std.

Tourencharakter: Wir wandern auf geschotterten Waldwegen, asphaltierten Wegen und Pfaden.

Tourenverlauf: Beuron – Spaltfels – Wanderheim Rauher Stein – Eichfels – Donautal – Kapelle St. Maurus – Beuron

Ausgangspunkt: Beuron (Wolterstraße, Wanderparkplatz Bahnhof/Haus der Natur), GPS-Koordinaten: 48.048684, 8.972922

Einkehr: Wanderheim Rauher Stein, Beuron; Grillmöglichkeit: nach dem Wanderheim Rauher Stein

Karte: Freizeitkarte 526 Sigmaringen (LGL); Wanderkarte Oberes Donautal Blatt 51-532 (NaturNavi)

Vom Spaltfels hat man sicherlich die schönste Aussicht auf Beuron mit seiner großen Klosteranlage, aber auch wer sich für Kultur interessiert, ist bei dieser Wanderung gut aufgehoben: Wir durchqueren die historische gedeckte Holzbrücke und kommen an der sehenswerten Kapelle St. Maurus vorbei.

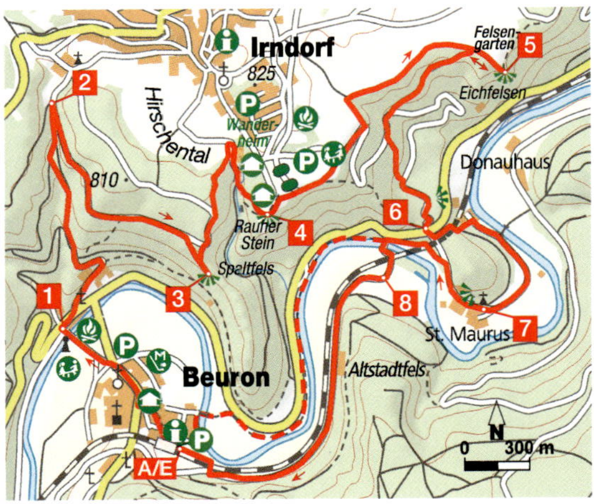

Wir gehen vom Parkplatz aus in der Wolterstraße vorbei am Bahnhof, dem Haus der Natur und dem Wanderschild Beuron Bahnhof (618 m). An der querenden Abteistraße vor der Klosteranlage und dem Schild Klosterpforte (628 m) biegen wir rechts ab und kommen zum Schild Kloster Parkplatz (610 m). Hier gehen wir in Richtung »Spaltfels« durch den Parkplatz hindurch bis zu der gedeckten **Holzbrücke** ❶, überqueren auf ihr die Donau und halten uns am Schild Holzbrücke (610 m) rechts. Gleich darauf biegen wir links ab in den Edith Stein-Weg. Es geht links an dem Gebäude Maria Trost vorbei, danach biegen wir vor dem großen Kruzifix und dem Schild Maria Trost (650 m) links ab. Nun steigt es eine Weile im Wald an. Nach einiger Zeit mündet am Schild Irndorf Abzweig Alter Fahrweg (761 m) ein Weg von links in unseren. Etwas später werden wir am Schild **Beuroner Steige** (783 m) 2 scharf nach rechts verwiesen.

Anfahrt

A 81 bis Ausfahrt Empfingen, dann auf der B 463 zur B 27 über Balingen bis über den Lochenpass. Danach auf der L 440 über Tieringen und Nusplingen nach Bärenthal. Hinter dem Ort links abzweigen auf die Beuroner Straße/K 5908. An der nächsten Verzweigung links in die L 277 und hinab nach Beuron. Ausweichparkplätze finden wir am Ortseingang von Beuron und bei den Sportplätzen vor dem Wanderheim; ÖPNV: Bahn über Tuttlingen oder Ulm nach Beuron; Info: www.efa-bw.de

Jetzt haben wir den größten Teil der Steigung dieser Tour hinter uns. Etwas später kommen wir zum Schild Abzweig Spaltfels (768 m). Wir spazieren ein Stück bergab und erreichen nach 200 Metern den **Spaltfelsen** 3.

Vom Spaltfelsen (750 m) hat man den vielleicht schönsten Blick auf Beuron. Der Fels besteht aber nicht mehr in seiner Ursprungsform, da der überhängende Teil in den 1960er-Jahren aus Gründen der Verkehrssicherheit gesprengt wurde. Auf dieser langgezogenen, schroffen Felsrippe stand eine mittlerweile abgegangene Burg, von der aber nichts mehr erhalten ist. Sie war etwa 60 Meter lang, 35 Meter breit und besaß eine Innenfläche von rund 2000 Quadratmetern.

Wenn wir zurückgehen, halten wir uns an der Verzweigung mit dem Zeichen Donauwellen rechts und erreichen bald unseren ursprünglichen Weg und das Schild Spaltfels Ost (775 m). Hier biegen wir rechts ab. Nach ein paar Minuten werden wir zum »Rauhen Stein« nach rechts verwiesen. Der Weg fällt bald steil ab. Wir kommen zum Waldrand und nach rechts zu

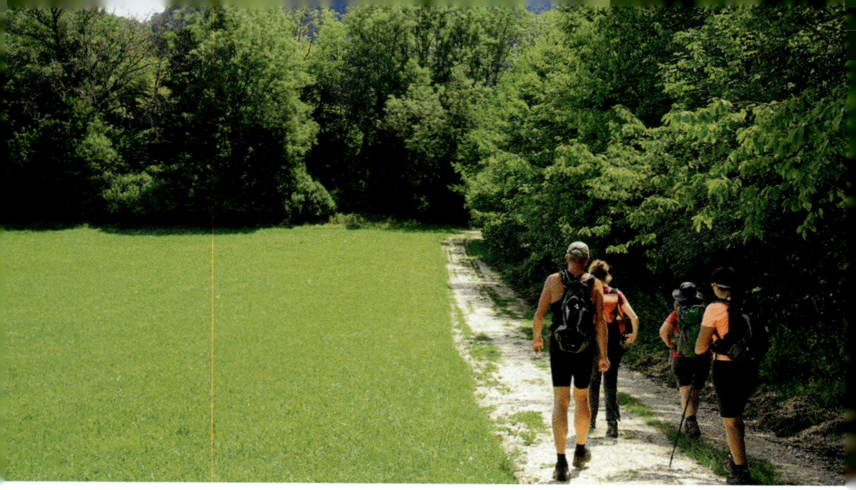

Wandergruppe auf dem Weg zur Donau.

einem Asphaltsträßchen. Hinter diesem steigt es im Wald etwas an. Der Weg bringt uns entweder mit der Markierung Donauwellen direkt zum Wanderheim, oder wir erreichen etwas weiter links die Sportplätze, wo man kostenlos parken kann. Von hier aus geht es nach rechts zum Wanderheim Rauher Stein (794 m).
Hinter dem Wanderheim gehen wir in den Wald hinein. Unser Weg führt zwar am Schild Wanderheim Rauher Stein (791 m) nach links weiter, erst sollten wir aber geradeaus zum Aussichtspunkt **Rauher Stein** 4 gehen.
Zurück halten wir uns rechts und treffen auf den Weg, der vom Wanderheim kommt. Wir bleiben erneut rechts, wandern an einer Grillstelle vorbei und gehen durch eine mit Gebüsch aufgelockerte Landschaft zu einem querenden Weg am Schild Räshalde (780 m). Hier könnte man nach rechts hinabgehen, es wäre aber schade um die beiden folgenden Attraktionen, die man dabei versäumen würde. Also behalten wir unsere Richtung bei. Unterwegs haben wir immer wieder einen Blick auf die Burg Wildenstein auf der anderen Seite des Donautals. Nach einer Freifläche knickt der Weg erst links, dann rechts ab und bringt uns zum Felsengarten Irndorf (s. Tour 13).

An seinem Ende biegen wir am Schild Felsengarten (780 m) rechts ab, erst gehen wir aber noch geradeaus weiter zum **Eichfelsen** 5. Danach geht es wieder zurück und wir halten uns nun vor dem Felsengarten links. Nach etwas bergab auf einem steilen Pfad treffen wir auf einen querenden Weg mit dem Schild Oberhauser Weg Nord (708 m); es ist der Weg, der als Abkürzung vom Schild Räshalde kommt. Hier biegen wir rechts ab. Gleich danach halten wir uns am Schild Oberhauser Weg Süd (720 m) links. Nun geht es auf einem steinigen Weg steil hinab. Nach dem Wald sehen wir links den Eichfelsen, rechts daneben Schloss Werenwag und vor uns die Burg Wildenstein. Wir wandern entlang einer Wiese auf das nächste Wäldchen zu. Dort zeigt ein Schild nach links zum »Aussichtspunkt Vögelesruhe«.

Unser Weg führt uns nun in Serpentinen hinab zur Landstraße. Auf der anderen Seite am Schild **St. Maurus Abzweig** (640 m) 6 orientieren wir uns links in Richtung »Donausteig«. Bald geht es steil hinab ins Donautal. Rechts eines Bahnwärterhäuschens (610 m) treffen wir auf den Weg, der durch das Tal führt.

Wir biegen rechts ab. Bald liegt links der Donausteg (605 m). Es empfiehlt sich, ein Stück auf ihm hinauszugehen. Man sieht nicht nur die Donau, sondern auch das Donauhaus, gegenüber die Felsen und ganz oben ein wenig von der Burg Wildenstein. Ansonsten folgen wir dem Weg nach rechts. Etwas später liegt rechts die **Kapelle St. Maurus**. 7

Kapelle St. Maurus

Die Kapelle St. Maurus wurde 1868–70 im Auftrag von Fürstin Katharina von Hohenzollern-Sigmaringen erbaut und dem hl. Maurus, einem Schüler des hl. Benedikt, gewidmet. Grund war die Erfüllung eines Gelübdes der Fürstin, das sie abgelegt hatte, als der Abt von Solesmes in Frankreich, Prosper Guéranger, an Pocken erkrankt war. Die Errichtung der Kapelle war wohl einer der Auslöser der Entstehung der Beuroner Kunstschule. Architekt war Desiderius Lenz, der auch für die Ausmalung verantwortlich war und sie gemeinsam mit Gabriel Wüger ausführte. Die Kapelle besitzt eine Freitreppe, die wie das Gebäude selbst aus Tuffstein erbaut wurde.
Auf den Bildern sieht man Maria und Heiligenfiguren, auf dem Altar eine Darstellung des hl. Maurus. Im Vorhof fließt aus einem Löwenmaul Wasser in ein steinernes Brunnenbecken. Hinter der Kapelle liegt die kleine Benediktushöhle, die als Lourdesgrotte gestaltet wurde.

Wir wandern nach ihr noch geradeaus weiter zum Schild Abzweig Jägerpfad (618 m). Hier halten wir uns links. Zu unserer Linken fließt die Donau, die von einer alten Eisenbahnbrücke überquert wird. Bald haben wir zwei Möglichkeiten: Geradeaus führt der Jägerpfad zurück nach Beuron. Zur Zeit der Recherche war dieser aber gesperrt. Sollte dies noch andauern – oder wenn man sowieso lieber entlang der Eisenbahnlinie wandern möchte anstatt im Wald auf dem breiten Weg –, hält man sich links. Man unterquert die Bahnlinie und biegt danach rechts ab 8. Nun geht es entlang der Bahnlinie zurück. Man kann dabei entweder vor Beuron an der Querstraße nach rechts in den Ort wandern und dort der Beschilderung zum »Bahnhof/Haus der Natur« folgen, oder man nimmt den schmalen Weg, der rechts vom Radweg abzweigt. Er führt uns über die Bahnlinie und anschließend nach links zum Ausgangspunkt.
Nun sollte man sich noch Beuron ansehen. Am besten folgt man einfach dem Weg zur Klosterkirche.

Wie im gesamten Oberen Donautal begleiten mächtige Kalkfelsen den Fluss.

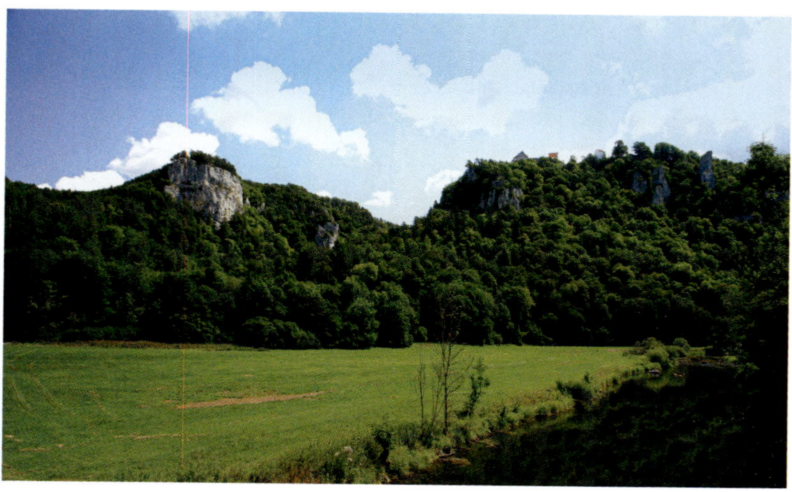

Kloster Beuron

Der Sage nach soll bereits 777 das erste Kloster in Beuron gegründet worden sein. Es machte eine wechselvolle Geschichte mit, denn es war nicht immer eine blühende Abtei, ganz im Gegenteil: Zwischenzeitlich wurde es sogar aufgelöst. Ende 1537 lebten nicht einmal mehr sieben Mönche im Kloster, was zur Wahl eines Propstes erforderlich gewesen wäre. Auch wirtschaftlich musste das Kloster kämpfen: Da es kein Territorium und kaum Untertanen besaß (1802 wurden insgesamt nur 511 Seelen gezählt), bestanden seine Einnahmen nur aus den von den drei Höfen bei Beuron erwirtschafteten Einkünften und aus den von den Lehenhöfen abgegebenen Zehnten und Zinsen. Im Dreißigjährigen Krieg wurde das Kloster fast vollständig zerstört. Mitte des 17. Jahrhunderts war auch das geistliche Leben im Kloster fast ganz erloschen. 1751 konnte das Kloster die Reichsunmittelbarkeit erwerben, der Klosterbezirk selbst blieb unter österreichischer Landesherrschaft. 1802 wurde es säkularisiert und das Gebiet dem Fürstentum Hohenzollern-Sigmaringen zugeschlagen. Der Abt und die 15 Chorherren wurden pensioniert. Die Anlage selbst wurde dann für andere Zwecke verwendet und verfiel zusehends. 1813 ließ die österreichische Armee vorübergehend ein Militärspital im Kloster einrichten, wobei die Zellen zum Teil zerstört wurden. Der Dornröschenschlaf endete 1862, als von den aus Bonn stammenden Brüdern Maurus und Placidus Wolter mit Unterstützung der verwitweten Fürstin Katharina von Hohenzollern-

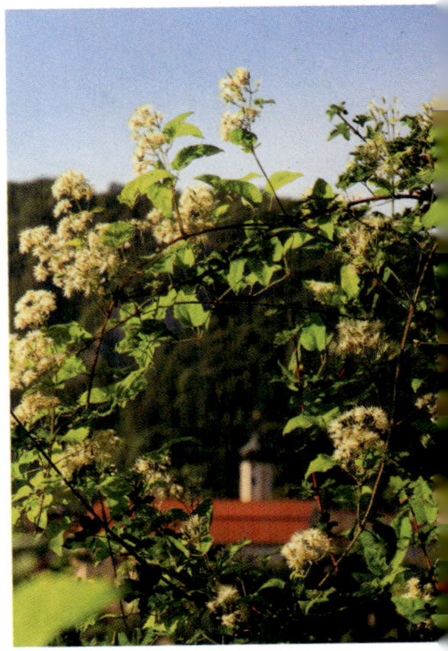

Blick auf das Kloster Beuron

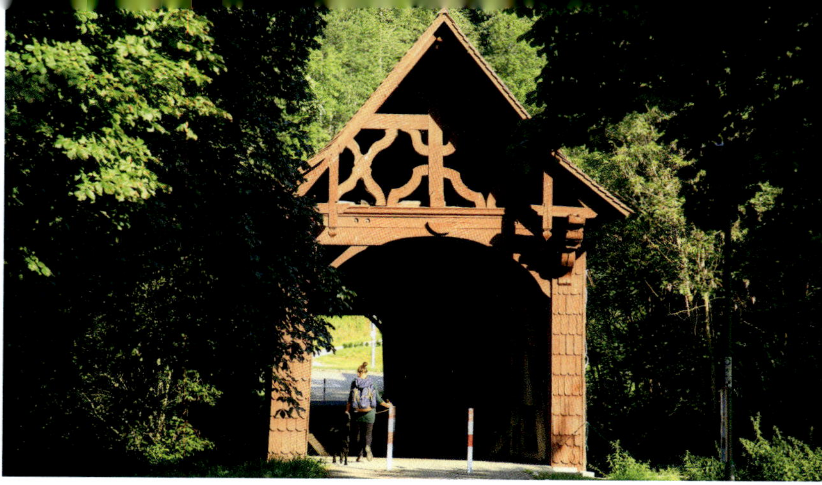

Die interessante Geschichte der alten Holzbrücke ist innen zu lesen.

Sigmaringen ein Benediktinerkloster neu gegründet wurde. 1868 wurde es zur Abtei erhoben, kurze Zeit später brachen aber wieder schwere Zeiten für die Mönche an: der preußische Kulturkampf mit der Kirche (1872–87), der sich auch hier auswirkte – der Hohenzollernstaat gehörte zwischenzeitlich zu Preußen. Die Mönche mussten, trotz einer Intervention der Fürstin bei Bismarck, 1875 das Kloster verlassen. Erst 1887 durften sie wieder zurückkehren. Im selben Jahr wurde das Kloster zur Erzabtei ernannt. Anfang des 20. Jahrhunderts wurde hier von Pater Desiderius Lenz auch ein eigener Kunststil, die Beuroner Kunstschule, entwickelt, deren Werke, meist flächige Wandmalereien, wir an vielen Stellen in und außerhalb der Kirche bewundern können.

Die Abteikirche St. Martin und Maria wurde in der Zeit der Romanik erbaut, erlitt aber verschiedene kriegsbedingte Beschädigungen. 1734 bis 1738 wurde sie im barocken »Vorarlberger Stil« wiederaufgebaut. 1874 schlug man den barocken Stuck ab, teilweise wurde er dann 1953 wieder rekonstruiert. Auch die im 19. Jahrhundert übermalten Fresken wurden 1947–51 teilweise wieder freigelegt. Der prächtige Hochaltar von 1760 war ursprünglich ein Werk von Joseph

Anton Feuchtmayr, Johann Georg und Franz Anton Dirr aus Mimmenhausen, wurde aber 1872 umgestaltet, als Gabriel Wüger und Lukas Steiner eine Krönung Mariens im Stil der Beuroner Kunstschule malten. Auch die beiden Altäre von etwa 1760 seitlich des Chorbogens sind von Feuchtmayr und Dirr. Beachten sollte man auch die sechs schön geschnitzten Beichtstühle von 1744, sie stammen ebenfalls von Feuchtmayr und Dirr und sind mit einem bekrönenden Muschelwerk und Engelsfigürchen geschmückt. In den Jahren 1898 bis 1901 wurde die Gnadenkapelle links an das Kirchenschiff angebaut. Sie besitzt den Grundriss eines griechischen Kreuzes. In der Kapelle befindet sich das Gnadenbild, eine aus Oberschwaben stammende, sechzig Zentimeter hohe Pieta aus Lindenholz von 1430. Wallfahrten hierher finden bereits seit dem 16. Jahrhundert statt.

Im Ort warten noch einige sehenswerte Gebäude, unter anderem im sogenannten Schweizerhausstil. Und im ehemaligen Bahnhof ist das Haus der Natur des Naturparks Obere Donau untergebracht: Hier kann man eine Ausstellung zum Naturpark besichtigen, außerdem werden zahlreiche Veranstaltungen angeboten.

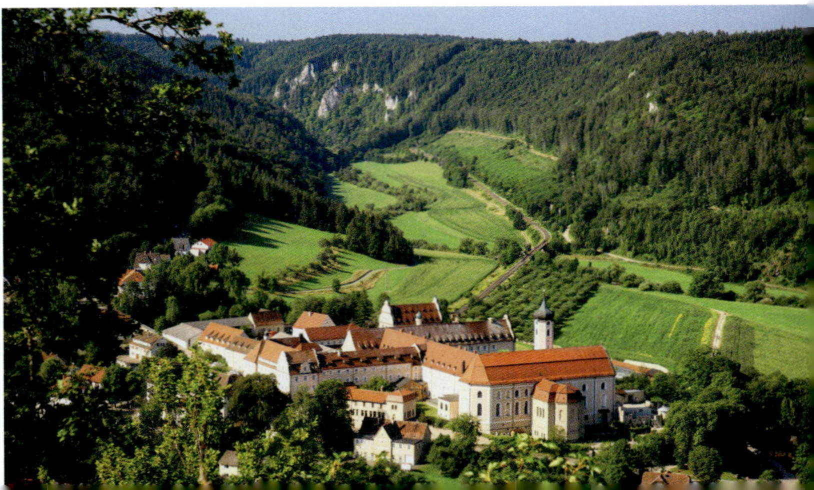

Blick vom Spaltfels auf das Kloster Beuron

15 Über die Burg Wildenstein zu Aussichtsfelsen

Durchs Donautal und weiter im Wald

Mittel | 12 km | 380 Hm | 4 Std.

Tourencharakter: Im Donautal wandern wir auf festem Weg, dazwischen auf teilweise steilen und steinigen Pfaden. An den Aussichtsfelsen sollte man vorsichtig sein.

Tourenverlauf: Langenbrunn – Donautal – Burg Wildenstein – Bandfelsen – Hohler Felsen – Langenbrunn

Ausgangspunkt: Beuron-Langenbrunn (Wanderparkplatz westlich des Wohngebäudes), GPS-Koordinaten: 48.073342, 9.010554

Einkehr: Burg Wildenstein; Grillmöglichkeit: Donautal, Burg Wildenstein

Karte: Freizeitkarte F526 Sigmaringen (LGL)

Diese Tour bietet Vieles von dem, was das Donautal einzigartig macht: Wir wandern mit Blick auf Schloss Werenwag durch das idyllische Tal und steigen durch einen wilden Tobel hinauf zur Burg Wildenstein. Von dort geht es wieder durch eine urtümliche Landschaft zum Bandfelsen und zum Hohlen Felsen.

Wir gehen vom Schild Parkplatz Langenbrunn (605 m) zu dem Gebäude und überqueren die Straße zum Schild Bushaltestelle Langenbrunn (600 m). Von dort spazieren wir in Richtung Donau. Wir überqueren die Gleise, kommen am Schild Donaubrücke Langenbrunn (600 m) vorbei, queren die Donau und

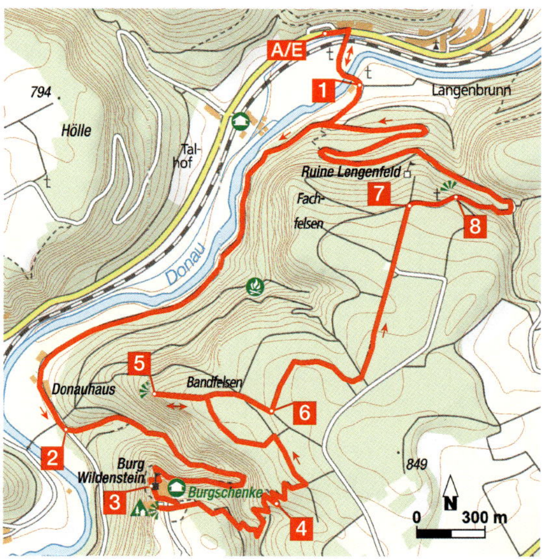

stoßen auf das Schild **Donaubrücke Langenbrunn** (607 m) 1. Hier biegen wir rechts ab.
Der Name Langenbrunn kommt von den verschiedenen Quellen, die hier entspringen. Die 1725 geweihte Kapelle St. Walburga besitzt einen saalartigen Innenraum. Das Hochaltarbild zeigt die Gloriole der Patronin, der hl. Walburga, die als Äbtissin mit Stab dargestellt wurde.
Am Schild Lengenfelder Steige unten (620 m) wandern wir geradeaus weiter. Wir kommen am Donauhaus vorbei und zum Schild **Donauhaus Abzweig** (610 m) 2. Hier folgen wir dem Wanderzeichen rotes Dreieck in Richtung »Burg Wildenstein« nach links. Beim Schild Unterer Tobel (630 m) queren wir einen Forstweg und wandern geradeaus weiter. Nach einer links liegenden Höhle erreichen wir den Talschluss mit einer wilden Felsenszenerie.
Am Schild Felsengalerie (715 m) halten wir uns rechts, nun geht es steil nach oben. Wir passieren das Schild Unterer Tobel (735 m) und lassen uns von den Wanderzeichen zur Burg Wildenstein führen. Dort gehen wir erst durch den unteren, dann durch den oberen Burggraben. Nach der **Burganlage** 3 sollten wir am Personalparkplatz nach rechts wandern, hier stehen wir auf dem ersten Aussichtsfelsen dieser Tour. Nun gehen wir an der Anlage entlang, nach dem Eingang mit dem Schild Burg Wildenstein (810 m) geradeaus weiter in Richtung »Bandfelsen Walderlebnispfad«. Wieder im Wald liegt links des Weges ein Aussichtspunkt.
Am Schild Walderlebnispfad (805 m) biegen wir links ab. Nun geht es steil hinab zum Schild **Leibertinger Tobel** (750 m) 4. Wir zweigen links ab und gleich da-

Anfahrt

A 81 bis Ausfahrt Empfingen, dann auf der B 463 zur B 27 nach Balingen. Von dort auf der B 463 bis Lautlingen, rechts ab in die Tierberger Straße und hinauf nach Meßstetten. Weiter auf der L 196 über Heinstetten und Schwenningen hinab nach Hausen im Tal. Dort rechts auf der L 277 durch das Donautal nach Langenbrunn; ÖPNV: Bahn über Tuttlingen nach Hausen i. T., dann von dort aus nach Langenbrunn wandern oder per Bahn nach Sigmaringen und von dort aus mit dem Bus nach Langenbrunn, Haltestelle Talhof oder Werenwag; Info: www.efa-bw.de

rauf am Schild Leibertinger Tobel (785 m) rechts, dann steigt es wieder an. Wir passieren das Schild Bandsteig Süd (820 m) und erreichen nach einiger Zeit das Schild Bandfelsen (810 m). Hier kommt man mit einem Abstecher von 200 Metern nach links zum **Bandfelsen** **5**. Vom **Bandfelsen** (818 m) hat man einen schönen Blick zum Eichfelsen und zur Burg Wildenstein. In der Umgebung sieht man prächtige Felsen. Der Bandfelsen ist wie auch andere im Donautal aus zwei »Stockwerken« gebildet, die durch ein gras- oder buschbewachsenes Band getrennt sind. Dieses besteht aus einer Glaukonitbank, die zwei verschiedene Weiß-

Burg Wildenstein

Die etwa 200 Meter über der Donau stehende Burg Wildenstein (811 m), wohl eine der bekanntesten Burgen im Donautal, gehört zu den Anlagen, die in ihrer Vergangenheit nie zerstört wurden. Die von den Wilden von Wildenstein errichtete erste Burg wurde um 1077 in einem Buch des Klosters Beuron erstmals genannt. Die Herren von Wildenstein tauchten 1168 erstmals urkundlich auf. Zwischen 1263 und 1317 wurden hier die Herren von Justingen aus dem Schmiechtal genannt, in deren Besitz die Burg vermutlich durch Heirat gekommen war. Sie waren zeitweise ein einflussreiches Geschlecht, und ein Justinger – Anselm von Justingen – war es auch, der 1211 nach Italien reiste, um dem jungen Staufer Friedrich die Nachricht zu überbringen, dass er zum deutschen König gewählt worden war. Später wurde er Reichsmarschall und bekleidete eines der wichtigsten Ämter des Reiches. Nach anderen Besitzern saßen hier ab 1397 die Grafen von Zimmern, danach die Fürstenberger. Die Anlage wurde nur einmal erobert, und zwar 1642 im Dreißigjährigen Krieg von den auf dem Hohentwiel stationierten Truppen. 1745, nach der Verlegung des Sitzes der Fürstenberger nach Donaueschingen, ging es mit Wildenstein bergab. Die Anlage wurde erst als Staatsgefängnis, dann als Zeughaus genutzt. Seit 1971 ist hier eine Jugendherberge untergebracht.

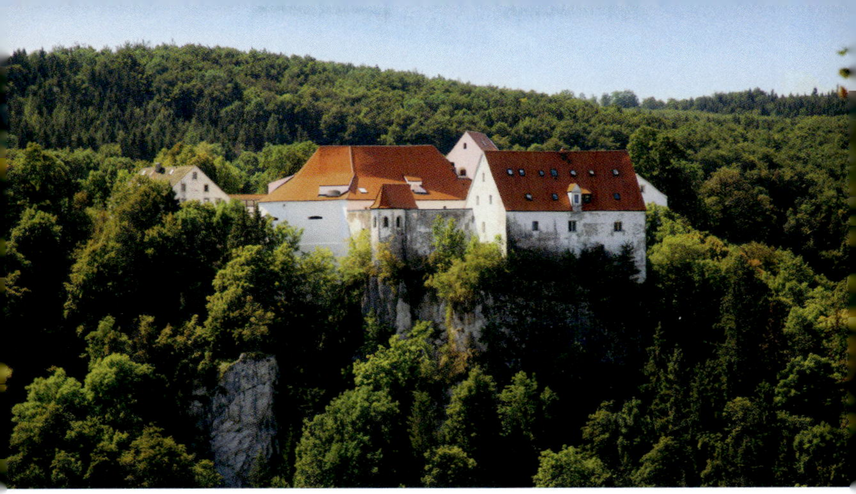

juraschichten voneinander trennt. Und von diesem Band hat der Felsen seinen Namen.

Danach folgen wir dem Weg weiter, gehen am Schild Bandsteig West (810 m) vorbei und kommen zu einer Kreuzung, wo wir mit dem Zeichen rote Gabel geradeaus weitergehen. Kurz danach biegen wir am Schild Bandsteig Mitte (820 m) im rechten Winkel links ab 6. Nun geht es am Schild Band (816 m) vorbei zum Schild **Lengenfels** (795 m) 7. Hier biegen wir rechts ab in den querenden Weg. Kurz danach am Schild Hohler Felsen (785 m) sollten wir nach links hinaus zu dem **großen Kreuz** 8 gehen. Hier sieht man nicht nur hinab ins Donautal, sondern auch wunderbar zum gegenüberliegenden Schloss Werenwag.

Danach folgen wir dem Weg weiter. Er bringt uns hinab zum Schild Mahdentäle (753 m), wo wir der Linkskurve abwärts folgen. Gleich darauf sehen wir, woher der Hohle Felsen seinen Namen hat, denn wir befinden uns an seiner tiefsten Stelle, an der er tief ausgehöhlt ist.

Nun wandern wir in Serpentinen abwärts bis zum bekannten Schild **Lengenfelder Steige unten** (620 m). Hier halten wir uns rechts und gehen auf bekanntem Weg zurück zum Ausgangspunkt.

Hier kann man die Burg Wildenstein in ihrer ganzen Ausdehnung sehen.

16 Hoch zum Lenzenfelsen

Bester Blick zu den Schaufelsen

Leicht | 8 km | 280 Hm | 3 Std.

Tourencharakter: Wir wandern auf Forstwegen und Pfaden, zurück durch das Donautal auf asphaltiertem Weg.

Tourenverlauf: Neidingen – Donautal – Lenzenfelsen – Donautal – Neumühle – Donautal – Neidingen

Ausgangspunkt: Beuron-Neidingen (Fallstraße, Parkplatz unterhalb der Kapelle), GPS-Koordinaten: 48.094308, 9.059230

Anfahrt: A 81 bis Ausfahrt Empfingen, dann auf der B 463 zur B 27 nach Balingen. Von dort auf der B 463 bis Lautlingen, rechts ab in die Tierberger Straße und hinauf nach Meßstetten. Weiter auf der L 196 über Heinstetten und Schwenningen hinab nach Hausen im Tal. Dort links in die Neidinger Straße und durch das Donautal nach Neidingen; ÖPNV: Bahn nach Sigmaringen, weiter mit dem Bus; Info: www.efa-bw.de

Einkehr: Keine; Grillmöglichkeit: Brunnäckerle

Karte: Freizeitkarte F 526 Sigmaringen (LGL); Wanderkarte Oberes Donautal Blatt 51-532 (NaturNavi)

Wer die fantastische Aussicht von den Felsen im Donautal genießen will, ohne eine anstrengende Wanderung machen zu müssen, ist bei dieser Tour bestens aufgehoben. Sie ist relativ kurz, gemütlich zu gehen, weist nicht allzu viele Höhenmeter auf und bietet vom Lenzenfelsen einen Blick auf den gegenüberliegenden Schaufelsen und hinab ins Donautal.

Die Fürstenberger sollen hier in Neidingen ein Kloster gestiftet haben, denn nach der Chronik der Grafen von Zimmern hat man Graf Johann von Fürstenberg in der Gruft zu Neidingen begraben. Die Kapelle St. Agatha wurde 1839 an der Stelle einer barocken Vorgängerkapelle gebaut, die im Jahr zuvor bei einem Unwetter

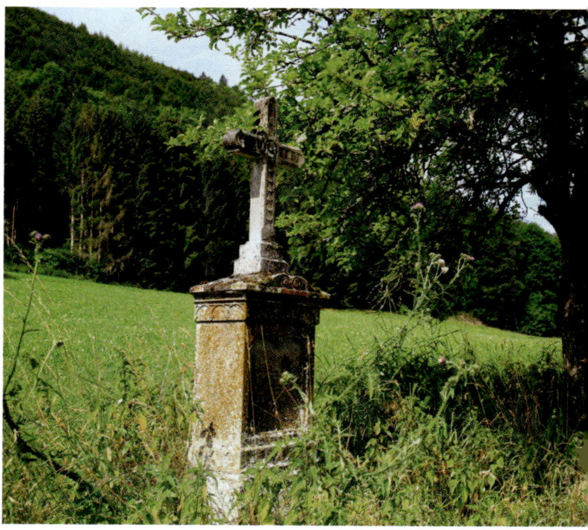

durch einen Wasserschwall zerstört worden war. Innen befinden sich ein Marienaltar und Heiligenfiguren.
Vom Parkplatz unterhalb der kleinen Kapelle überqueren wir die Landstraße und folgen dem Sträßchen zum gegenüberliegenden Waldrand.
Wir kommen am Schild Neidingen Bahnübergang (595 m) vorbei, überqueren den Fluss und stoßen am Wald auf das Schild **Donaubrücke Neidingen** (595 m) 1. Hier biegen wir rechts ab in Richtung »Lenzenfelsen«.
Kurz darauf kommen wir zum Schild **Grillstelle Brunnäckerle** (605 m) 2. Hier orientieren wir uns mit dem Wanderzeichen rote Raute links. Nun steigt es auf einem Forstweg eine Weile an bis zum Schild **Köhlerjörgle** (738 m) 3. Dort halten wir uns mit dem Wanderzeichen rote Gabel links.
Wir wandern auf einem Pfad weiter, der bald in einen weichen, grasbewachsenen Weg übergeht und uns zum **Lenzenfelsen** 4 bringt.

Linke Seite: Kleines Flurkreuz im Donautal

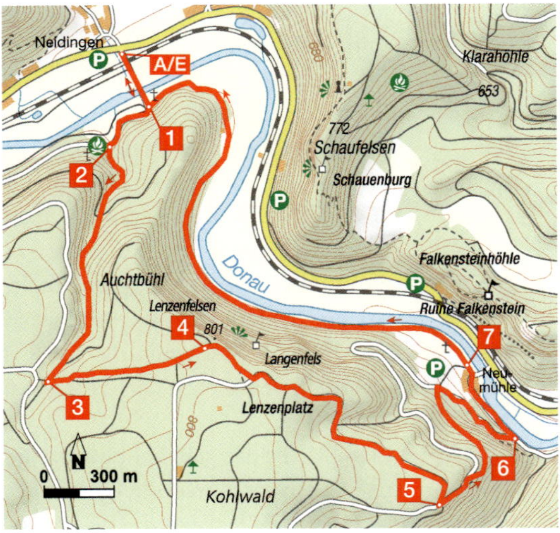

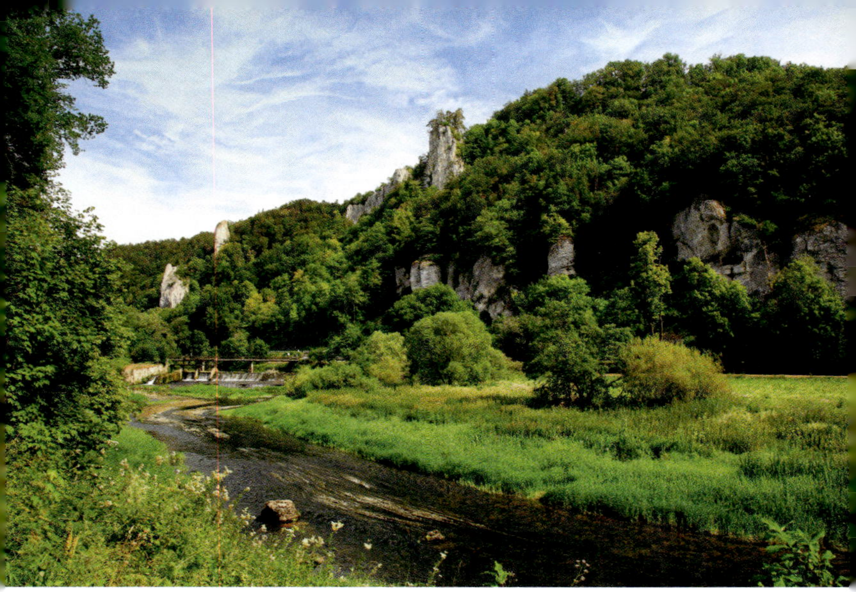

Immer wieder zeigt das Donautal andere idyllische Szenen.

Hier steht eine Bank zum Ausruhen bereit. Der Blick reicht hinab ins Donautal und zu dem mächtigen Massiv der Schaufelsen auf der anderen Talseite.

Danach wandern wir weiter. Bald sehen wir links des Weges etwas tiefer einen Hügel. Hier stand einst die Burg Lenzenburg.

Etwas später biegen wir am Schild Beim Lenzenfelsen (792 m) links ab in den querenden Forstweg. Er bringt uns zum Schild **Oberer Lenzenberg** (736 m) **5**. Von hier aus hat man einen schönen Blick auf die dicht bewaldeten Hänge des Donautals, vor uns liegt das Raintal. Wir biegen aber links ab. Kurz darauf weist uns das Rundwegzeichen nach rechts auf einen Pfad.

Er führt uns bergab, bald als breiterer Weg. Nach kurzer Zeit sehen wir rechts den Falkensteinfels und rechts

Burg Lenzenburg/ Linzenberg

Die Burg Lenzenburg/Linzenberg wurde evtl. im 12. Jahrhundert von den Grafen von Montfort erbaut. Aus dem 13. Jahrhundert weiß man von Angehörigen der Herren von Linzenberg als Burgbesitzer. 1348 wurde die Burg zerstört, wie man vermutet, durch ein Erdbeben. 1390 wurde die Anlage an die Herren von Falkenberg verkauft. Heute ist von der Burg praktisch nichts mehr zu erkennen. Um sie herum sieht man eine wilde Felsszenerie. Von hier aus hat man eine prächtige Sicht ins Donautal und zum Schaufelsen auf der anderen Seite.

davon die Mauern der Ruine Falkenstein. Danach treffen wir auf einen querenden Weg, der uns nach rechts hinab ins Donautal bringt. Dort biegen wir am Schild **Am Lenzenberg** (587 m) 6 links ab.
Kurz darauf durchqueren wir das Gelände der **Neumühle** 7, danach wandern wir auf dem asphaltierten Weg und immer mit Blick auf die Felsumrahmung des Donautals zu der Brücke, die wir noch vom Anfang kennen. Nach rechts kommen wir zurück zum Ausgangspunkt.

Donautal bei Neidingen

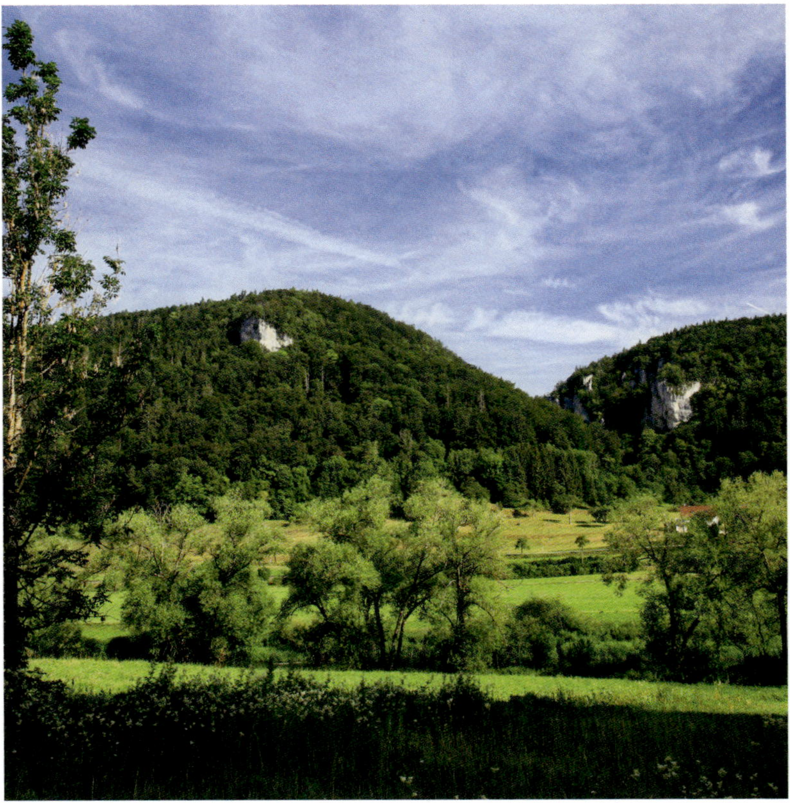

17 Burgruine und Aussichtsfelsen

Wilde Szenerie an den Schaufelsen

Schwer | 13 km | 400 Hm | 4 Std.

Tourencharakter: Pfade und feste Wege. Ausweichparkplätze: östlich von Thiergarten; in Neidingen unterhalb der Kapelle

Tourenverlauf: Thiergarten – Ruine Falkenstein – Schaufelsen – Steighöfe – Neidingen – Donautal – Thiergarten

Ausgangspunkt: Beuron-Thiergarten, Parkplatz an der Donau, GPS-Koordinaten: 48.089509, 9.099644

Anfahrt: A 81 bis Ausfahrt Empfingen, dann über B 463 und B 27 nach Balingen. Auf der B 463 über Albstadt-Ebingen bis kurz vor Straßberg, dort rechts ab in die Ebinger Straße und durch den Ort nach Stetten am kalten Markt. Dann auf der L 197 ins Donautal nach Thiergarten; ÖPNV: Bahn nach Sigmaringen, weiter mit dem Bus nach Thiergarten Hammer; Info: www.efa-bw.de

Einkehr: Thiergarten; Grillmöglichkeit: Ruine Falkenstein, Stettener Schutzhütte

Karte: Freizeitkarte F526 Sigmaringen (LGL); Wanderkarte Oberes Donautal Blatt 51-532 (NaturNavi)

Nach dem Aufstieg erreichen wir bald die Ruine Falkenstein. Von dort aus geht es vorbei an zahlreichen Aussichtsfelsen, dann durch das wilde Reiftal hinab zur Donau. Entlang des Flusses gelangen wir zurück zum Ausgangspunkt, wobei wir immer eine schöne Sicht zu den Felsen haben.

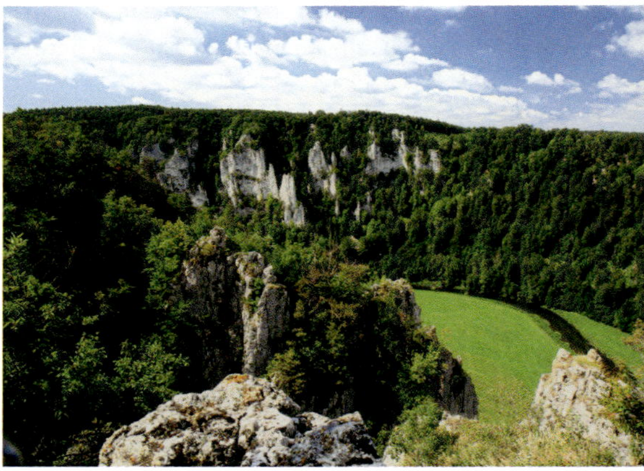

Wir gehen vom Parkplatz aus hinauf in Richtung L 277 und passieren das Schild Thiergarten Zum Hammer (592 m); hier ist bereits »Ruine Falkenstein« angeschrieben. Danach überqueren wir die Landstraße und folgen mit dem Zeichen Rotes Dreieck, das uns einige Zeit auf der Wanderung begleiten wird, dem Wegweiser »Zum Steinbruch«.
Nach dem Ort kommen wir am links liegenden Steinbruch vorbei, danach wandern wir zwischen Feldern und Wald geradeaus zum Schild **Buttenloch** (668 m) ❶.

Hier biegen wir links ab und kommen nach den Feldern in den Wald. Dort führt uns ein Pfad steil hinauf zu einem Forstweg mit dem Schild Falkensteinaufstieg (678 m). Wir biegen rechts ab und erreichen immer ansteigend bald die **Ruine Falkenstein** (736 m) 2.
Wir halten uns vor der Ruine rechts, dann nehmen wir am Grillplatz den rechts abwärts führenden Pfad, der uns mit dem roten Dreieck in Richtung »Schaufelsen Steighöfe« führt. Nach einigen Felsen linker Hand erreichen wir das Schild Falkensteinwand (693 m). Nun geht es bergab zum Waldrand mit dem Schild **Nördliches Buttenloch** (650 m) 3. Wir biegen links ab und erreichen bald das Schild Schaufelsenanstieg (655 m). Nun steigt es eine Weile an bis zum Schild **Schaufelsen** (760 m) 4, wo wir nach rechts weitergehen.
Der etwa 170 Meter hohe Schaufelsen ist die gewaltigste Felswand des Donautals. Sie bietet einen schönen Blick auf die Donauschleife, Neidingen und eine kreuzgekrönte Felsennadel.

Linke Seite: Blick von den Schaufelsen ins Donautal

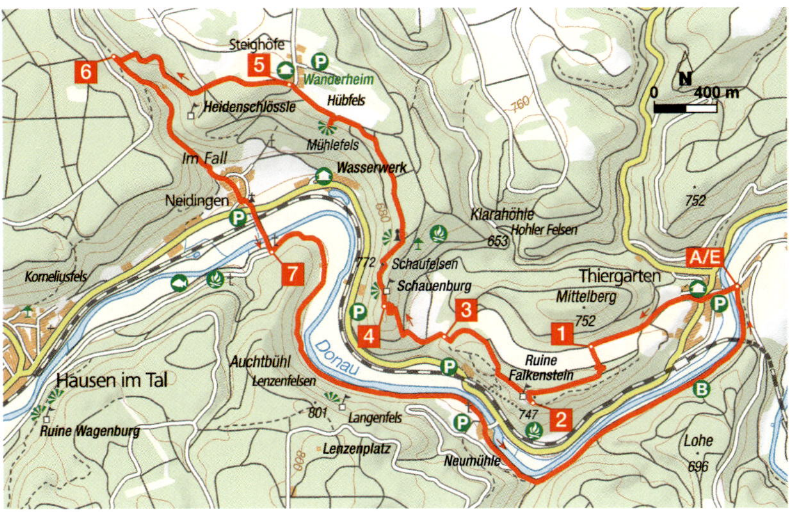

Jetzt folgt eine Reihe von Aussichtsfelsen, die zum Teil gesichert, zum Teil ungesichert sind. Immer dem Pfad folgend, erreichen wir schließlich die Stettener Schutzhütte (775 m). Danach wandern wir an den Schildern Beim Traumfelsen (765 m) und Rauher Bühl (780 m), wo wir den Wald verlassen, vorbei. Nun halten wir uns links. Etwas später können wir nach links einen Abstecher zum letzten Aussichtsfelsen dieser Tour, dem Mühlefels, machen; er liegt 100 Meter links des Weges. Der Mühlefels (751 m) bietet einen schönen Blick auf die Donauschleife, nach Neidingen, Werenwag, zum Schaufelsen und zum gegenüberliegenden Lenzenfels. Bald danach sind wir am Schild **Steighöfe** (795 m) 5, wo wir geradeaus weiterwandern. Vorbei am Schild Jagdberg (773 m) kommen wir zum Schild Über dem Reiftal (775 m). Hier halten wir uns scharf links und

Ruine Falkenstein

Es gibt zwei Ruinen mit dem Namen Falkenstein. Während der Obere Falkenstein die vermutlich ältere Burg ist, auf einem langen Felsrücken liegt und bequem aufgesucht werden kann, befand sich der Untere Falkenstein dreißig Meter unterhalb auf einem unzugänglichen Felsen und ist nur Kletterern zugänglich. Aus der Chronik der Herren von Zimmern geht als Erbauungszeit das 10. Jahrhundert hervor, nach Grabungsfunden wird aber die Zeit um 1200 vermutet. Der erste des Rittergeschlechts, das sich nach der Burg nannte, wurde 1213 genannt; in den Urkunden des Klosters Salem tauchten die Falkensteiner um 1255 auf. Die letzten des Geschlechts trugen den Beinamen »Hasenbein«. Nach verschiedenen Besitzern wurde die Anlage 1516 von Gottfried Werner von Zimmern um 4880 Gulden gekauft. Ihm gehörte auch die Burg Wildenstein und so residierte er nach Belieben auf einer der beiden Anlagen. Er baute einen hohen Turm, von dem in der Zimmernschen Chronik geschrieben steht, er wäre »so hoch, das man über alle welder und helzer biß gar nahendt geen Mengen sehen megte« und dass er bei Sturm so wankte, dass »ein schüssel mit wasser unverschütt uf dem tisch nit bleiben mogte.« 1595 wurde die Burg an die Grafen von Helfenstein-Wiesensteig vererbt und von diesen 1627 an die Fürstenberger verkauft. 1631/32 wurde sie bereits als unbewohnbar bezeichnet. Erhalten sind noch Teile der Kernburg mit Resten runder Türme und des Palas. Zur Kernburg führt eine stählerne Wendeltreppe.

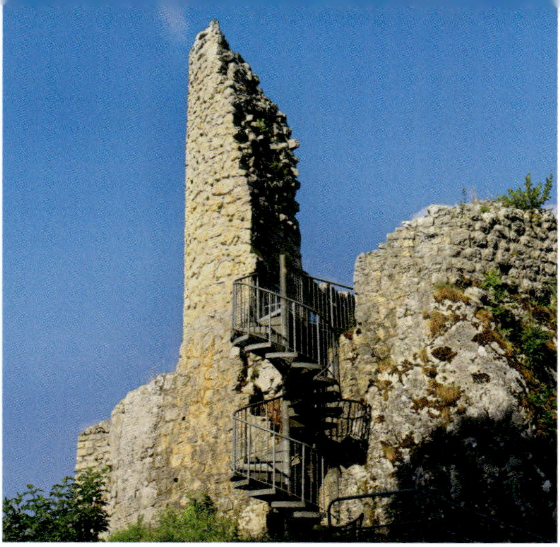

Vom Turm der Ruine Falkenstein hat man eine prächtige Aussicht.

steigen hinab zum Schild **Reiftal** (737 m) 6. Dort biegen wir links ab. Wir wandern durch das urtümlich wirkende Reiftal mit seinen mächtigen Felsen bis zum Ortsanfang von Neidingen.

Im Neidinger Fall bzw. Reiftal, einem wilden Tobel mit übermoosten und mit Farn bewachsenen Felsen, in dem auch seltene Pflanzen wie der Gelbe Fingerhut wachsen, liegt das sogenannte Heidenschloss.

Am Schild Neidinger Fall (610 m) geht es geradeaus weiter, dann an dem mächtigen Baum leicht nach links und an der Kapelle vorbei zur L277.

Wir passieren das Schild Neidingen Bahnübergang (595 m), überqueren die Donau und biegen am Schild **Donaubrücke** (595 m) 7 links ab.

Nun wandern wir durch das Donautal, wobei wir an schönen Wochenendtagen auf die Radler aufpassen müssen. Links oben sehen wir die vielen Felsen, über die wir gewandert sind. Ein Schild macht auf die Ruine Unter-Falkenstein aufmerksam, wir kommen durch Neumühle und nach dem Abzweig ins Raintal am Bettelfels vorbei. Schließlich erreichen wir die nach Thiergarten führende Brücke, die uns zurück zum Ausgangspunkt bringt.

18 Von Fels zu Fels zur Basilika

Typisch Donautal: Flussidylle und Felsen

Mittel | 9,5 km | 200 Hm | 3 Std.

Tourenverlauf: Thiergarten – Schaufelsen – Rabenfelsen – Feldstätt – Burghalde – Kreuzfelsen – Gutenstein – Donautal – Thiergarten

Ausgangspunkt: Thiergarten, GPS-Koordinaten: 48.090885, 9.097424

Anfahrt: A 81 bis Ausfahrt Empfingen, dann auf der B 463 zur B 27 und nach Balingen. Danach auf der B 463 über Albstadt-Ebingen bis kurz vor Straßberg. Dort rechts ab in die Ebinger Straße und durch den Ort nach Stetten am kalten Markt. Nach dem Ort auf der L 197 ins Donautal nach Thiergarten. Einen Ausweichparkplatz findet man in Gutenstein; ÖPNV: Bahn nach Sigmaringen, weiter mit dem Bus nach Thiergarten Hammer; Info: www.efa-bw.de

Einkehr: Gutenstein, Thiergarten; Grillmöglichkeit: beim Parkplatz in Gutenstein

Karte: Freizeitkarte 526 Sigmaringen (LGL); Wanderkarte Obere Donau Blatt 51-532 (NaturNavi)

Aussicht, Aussicht und noch mehr Aussicht – so lautet das Thema dieser Wanderung. Wir kommen am Schaufelsen und am Rabenfelsen vorbei, aber auch an anderen Stellen, die einen prächtigen Blick hinab ins Donautal bieten. Der Rückweg führt entlang der Donau: Zu ihr, den Paddlern auf dem Fluss und den Felsen, über die wir gewandert sind, haben wir immer einen schönen Blick.

Der Parkplatz bei Thiergarten liegt im Zwickel der Bahnhofstraße und der Straße L 197 nach Stetten am kalten Markt. Hier folgen wir am Schild Wanderparkplatz Thiergarten (590 m) der Markierung zum »Rabenfelsen«. Es steigt erst an, dann treffen wir am

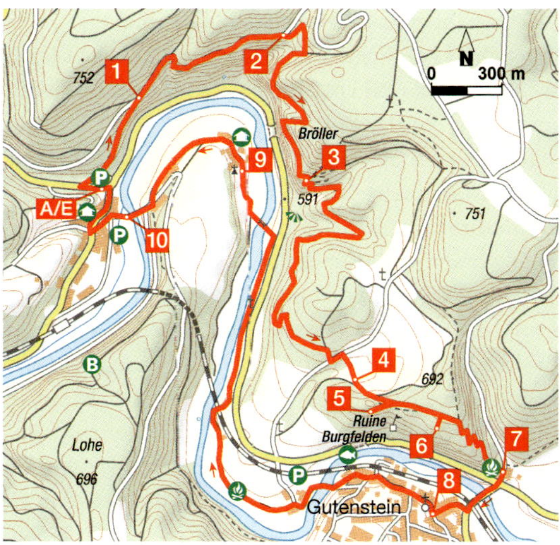

Schild **Thiergartenweg** (650 m) ❶ auf einen festen Schotterweg, dem wir nach rechts folgen. Beim Schild **Über dem Bröller** (700 m) ❷ zweigen wir rechts ab.

Der Weg geht bald in einen Pfad über und bringt uns schließlich zu einem Felsen. Hier und bei den folgenden Aussichtsfelsen haben wir einen schönen Blick hinab ins Donautal, auf unseren Rückweg zwischen Straße und Donau und auf den Gutshof Kappeler mit der kleinsten Basilika der Welt. Danach wandern wir weiter bis zum Schild Rabenfelsen (670 m). Hier führt unser Weg zwar links weiter, zuerst können wir aber zum rechts liegenden **Rabenfelsen** ❸ hinaufsteigen und die Aussicht genießen.

Tourencharakter

Wir wandern im ersten Teil auf schmalen Pfaden, auf dem Rückweg ab Gutenstein auf einem festen Weg. An den Steilstellen und Felsen sollte man vorsichtig sein und auf Kinder gut aufpassen. Ein Teil der Wanderung führt über den Premiumwanderweg »Donaufelsengarten«. Ab Gutenstein verläuft der Weg für etwa drei Kilometer unweit der belebten Straße, tagsüber wird hier auch kräftig geradelt. Wer den starken Verkehr vermeiden möchte, startet am besten frühmorgens am Wanderparkplatz in Gutenstein. Dann hat man den Anstieg aber nicht gleich zu Anfang der Tour. In Gutenstein und Thiergarten werden Kanus verliehen.

Der nördlich von Gutenstein an der linken Talseite liegende Rabenfelsen (720 m) ist ein etwa 60 Meter hohes, schmales und wie eine Wand steil abfallendes Weißjura-Kalkschwammriff. Von hier aus sieht man auf den Falkenstein, den Mittelberg – einen Umlaufberg der Donau –, ins Donautal und auf den Thiergartenhof mit der St. Georgs-Kapelle.

Danach halten wir uns am Schild Beim Rabenfelsen (662 m) rechts in Richtung »Gutenstein«. Der Weg führt uns vorbei am Schild Kitzisberg (632 m), anschließend sehen wir rechts zur »Rückseite« des mächtigen Rabenfelsens.

Am Schild Am Eichbühl (658 m) geht es rechts ab. Nach dem Schild Feldstättweg (658 m) treffen wir auf einen asphaltierten Weg. Etwas nach links versetzt biegen wir am Schild Feldstättweg (645 m) rechts ab, nun geht es zwischen einer **Lichtung** ❹ mit Feldern

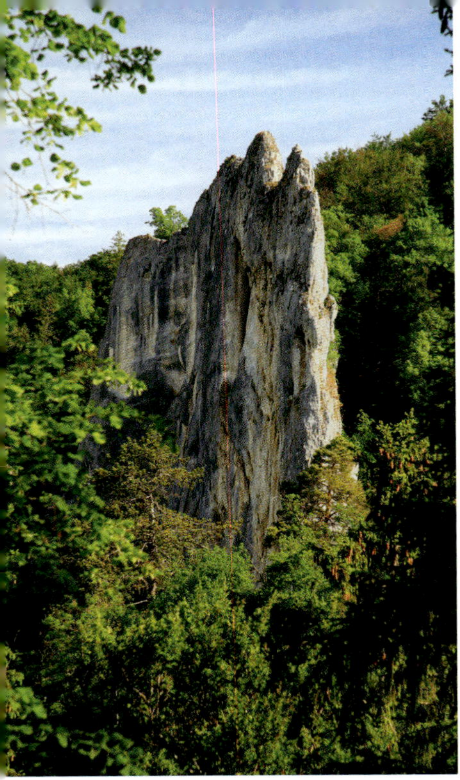

Blick zum Rabenfelsen

und dem Waldrand zum Schild Feldstätt (640 m), wo wir wieder in den Wald eintauchen. Später treffen wir auf das Schild Burghalde (665 m). Nach rechts kann man hier einen kurzen Abstecher (100 m) zum gleichnamigen **Aussichtspunkt** 5 machen. Er bietet einen schönen Blick auf Gutenstein.

Danach folgen das Schild Über dem Kreuzfelsen (670 m) sowie ein Aussichtspunkt. Anschließend können wir am Schild Abzweig Kreuzfelsen (640 m) 100 Meter nach rechts zu diesem **Felsen** 6 gehen. Wir wandern danach zurück, halten uns an einer Verzweigung rechts und kommen wieder zum Schild Abzweig Kreuzfelsen. Hier gehen wir geradeaus weiter. Nun steigen wir hinab zum **Wanderparkplatz Hofstättle** (590 m) 7. Rechts des Schildes, unterhalb des kreuzgekrönten Felsens, liegt ein Rastplatz mit Grillstelle. Wir überqueren die Straße und gehen über die Donau nach **Gutenstein** 8.

Gutenstein wurde 1212 als »Gutenstain« erwähnt, wobei der Burgname auf den Ort übertragen wurde. Er gehörte erst den Herren von Wildenstein, die ihn Ende des 13. Jahrhunderts an die Habsburger verkauften. Später gelangte Gutenstein an Baden. Die 1541 erbaute St. Gallus-Kirche wurde um 1700 barockisiert. Das Schloss Gutenstein wurde im 18. Jahrhundert im Stil des Klassizismus vom sogenannten »Malefizschenk«, dem Grafen Franz Ludwig von Castell, erbaut.

Nach der Bahnlinie biegen wir rechts ab in die Hohenbergstraße. An der querenden Burgfeldenstraße beim Schild Gutenstein Burgfeldenstraße (596 m) biegen wir rechts ab. Wir kommen am Schneckenbrunnen (598 m) vorbei, der mit einem Schild an ein hier früher betriebenes Gewerbe erinnert. Noch vor dem Ortsende weist ein Schild nach rechts zu einem Fels, auf dem einst die Burg Alt-Gutenstein stand.

Links sehen wir nach einer Brücke auf einem mächtigen Felsen das Schloss Gutenstein. Nach einer Linkskurve biegen wir an der Vesperinsel links ab und verlassen Gutenstein. Nun wandern wir immer parallel zur Donau. An schönen Tagen im Sommer herrscht hier ein reger Verkehr von Paddelbooten. Rechts hinter der Straße sehen wir die Reihe der Felsen, an denen wir entlanggewandert sind. Schließlich überqueren wir die Donau nach links und kommen zum Gutshof Kappeler. Hier steht auch die anscheinend **kleinste Basilika der Welt** 9.

Nun folgen wir dem Zufahrtssträßchen zur **Donaubrücke Thiergarten** (589 m) 10. Von dort gehen wir zu der durch das Donautal führenden Straße. Wir biegen rechts ab und halten uns dann links zum Ausgangspunkt.

St. Georgs-Kapelle

Im Bereich des ehemaligen Hammerwerks steht bei dem alten Meierhof mit dem Staffelgiebel die St. Georgs-Kapelle, die kleinste Basilika nördlich der Alpen – sie besitzt wie große Basiliken drei Schiffe. Sie wurde im 11. Jahrhundert, wahrscheinlich um 1020, erbaut und in der frühen Gotik umgebaut. Auch nach dem Dreißigjährigen Krieg wurde die Kapelle umgebaut, so zum Beispiel 1670 in Zusammenhang mit der Gründung des Eisenhüttenwerks, als sie dem Zeitgeschmack und den veränderten liturgischen Bedürfnissen angepasst wurde. Damals wurden beispielsweise die Choraltäre und die Seitenschiffe mit Bildern des Schutzheiligen und des Eisenwerkes geschmückt. Sie wurde von den Kapuzinern von Messkirch dem hl. Franz von Sales geweiht, da das Hüttenwerk am Tag dieses Heiligen, dem 29. Januar 1671, eingeweiht worden war. Dieser Heilige ist in der Kapelle dreimal dargestellt.

Blick auf Gutenstein

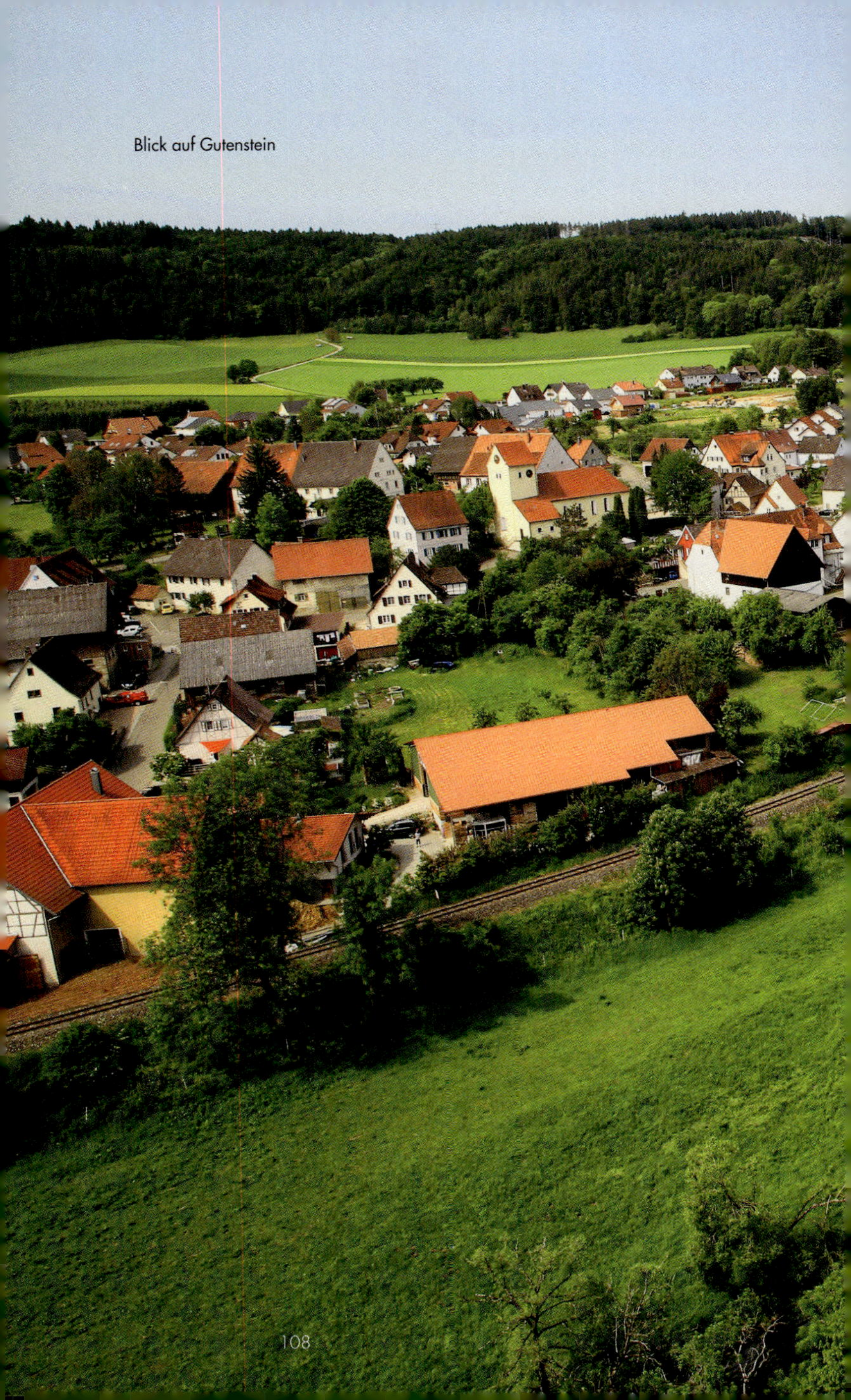

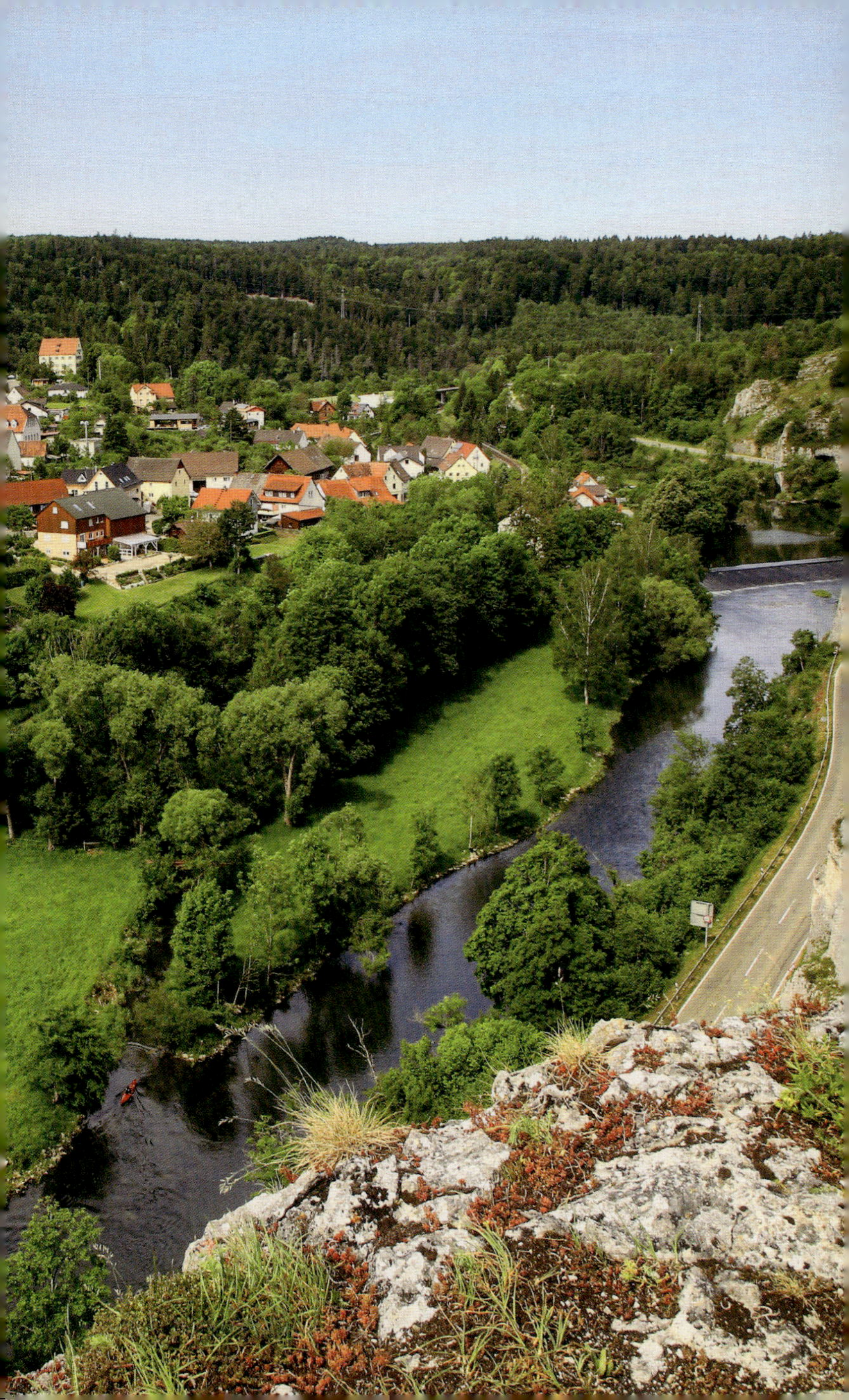

19 Auf den Spuren von Amalie Zephyrine

Park mit mächtigen Felsen und einem Kloster

Leicht | 4,5 km | 90 Hm | 1.30 Std.

Tourencharakter: Wir wandern auf festen Wegen, zu großen Teilen auch auf Pfaden, die abschnittsweise steil sind. Führungen durch das Kloster und das Klostermuseum (Tel. 07571/73980)

Tourenverlauf: Inzigkofen/ Parkplatz – Grotten – Kloster – Amalienfels – Teufelsbrücke – Nickhof – Parkplatz

Ausgangspunkt: Inzigkofen (Parkplatz in der Straße Nickhof nach dem ehemaligen Bahnhof Inzigkofen an der L 277), GPS-Koordinaten: 48.079065, 9.167815

Einkehr: Inzigkofen; Grillmöglichkeit: zwischen dem ehemaligen Bahnhof und den Grotten

Karte: Freizeitkarte 526 Sigmaringen (LGL); Wanderkarte Oberes Donautal Blatt 51-532 (NaturNavi)

Amalie Zephyrine von Salm-Kyrburg war eine außergewöhnliche Frau und führte ein außergewöhnliches Leben. Zudem war sie mit dem Kloster Inzigkofen eng verbunden. Auch der Amalienfels erinnert an sie. So ist es nur gerechtfertigt, ihr diese Wanderung zu widmen.

Am Parkplatz folgen wir mit den Zeichen Rotes Dreieck und Premium-Wanderweg Kloster-Felsenweg dem dort abgehenden Weg in Richtung »Känzele«. Nach einiger Zeit kommen wir an einem Grillplatz vorbei. Danach zweigen wir mit dem Wanderzeichen Rotes Dreieck links auf einen Pfad ab. Er trifft wieder auf den breiten Weg, hier sehen wir das Wanderschild **Unterm Känzele** (585 m) **1**. Wir wandern auf einem Pfad steil aufwärts und kommen schließlich zu einer Verzweigung beim Schild Inzigkofen Grotten (610 m). Hier spazieren wir geradeaus weiter auf das Felstor zu, umgehen es aber, indem wir gleich darauf rechts abzweigen. Kurz darauf sind wir bei den mächtigen **Grotten** **2**.
Auf einem Schild erfahren wir, dass Erbprinz Karl-Anton in den 1840er-Jahren die Nebelhöhle in sein privates Speisezimmer umgestaltet hat. Hier standen Tische und Holzbänke und die Höhle war mit alten Waffen dekoriert.
Dahinter geht es nach links zum Aussichtspunkt Känzele (625 m), von dem aus man einen prächtigen Blick hinab zur Donau hat. An schönen Sommertagen kommen hier immer wieder Kanus vorbei.
Danach nehmen wir von den beiden rechts abgehenden Wegen den linken **3**. Wir kommen an einem

großen Kreuz vorbei, ehe wir auf die Straße treffen **4**. Dieser folgen wir nach rechts. An der nächsten Verzweigung halten wir uns an den linken Fußweg. Wir passieren das Schild An der Klostermauer (626 m), dann geht es durch die Mauer hindurch. Die Mauer um die Klosteranlage ist noch rund 900 m lang.

Anfahrt

A 81 bis Ausfahrt Empfingen, dann auf der B 463 zur B 27 und nach Balingen. Danach auf der B 463 über Albstadt-Ebingen bis zum Kreisverkehr nach Winterlingen. Dort rechts ab auf die B 313 und hinab ins Donautal nach Sigmaringen und gleich rechts ab in die L 277 in Richtung »Beuron«. Nun durch das Donautal zum Bahnhof Inzigkofen, davor links ab zum Parkplatz; ÖPNV: Bahn nach Sigmaringen, weiter mit dem Bus nach Inzigkofen Bahnhof; Info: www.efa-bw.de

Vor einem Tordurchlass können wir dem Schild nach rechts zum »Bauerngarten« folgen. Dieser nach altem Muster angepflanzte **Klostergarten** **5** ist vor allem im Sommer ein interessantes Ziel. In ihm werden etwa 200 Arten von Gewürz-, Tee- und Heilpflanzen sowie alte Kulturpflanzen angebaut. Nach dessen Besichtigung kehren wir wieder zum Tordurchlass zurück.

Kurz darauf liegt rechts das Bauernmuseum. Es wurde von der Ortsgruppe Inzigkofen des Schwäbischen Albvereins eingerichtet. Hier sind rund 500 landwirtschaftliche Maschinen und Geräte zu sehen.

Wir gehen weiter geradeaus bis zur rechts liegenden Kirche. Hier biegen wir am Schild **Kloster Inzigkofen** (609 m) **6** links ab und wandern etwas bergab. Es geht an der Kläranlage vorbei, dann biegen wir am nächsten abgehenden Weg links ab und kommen zu einer Verzweigung beim Schild **Amalienfelsen Südost** (586 m) **7**. Wir folgen dem nach links ziehenden Weg zum Waldrand mit dem Schild **Amalienfelsen** (580 m) **8**.

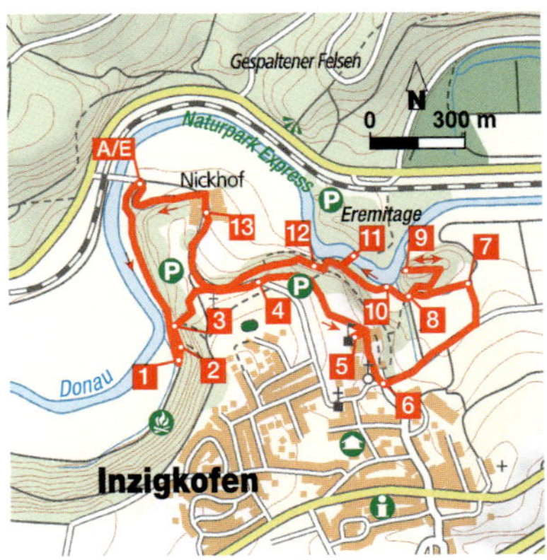

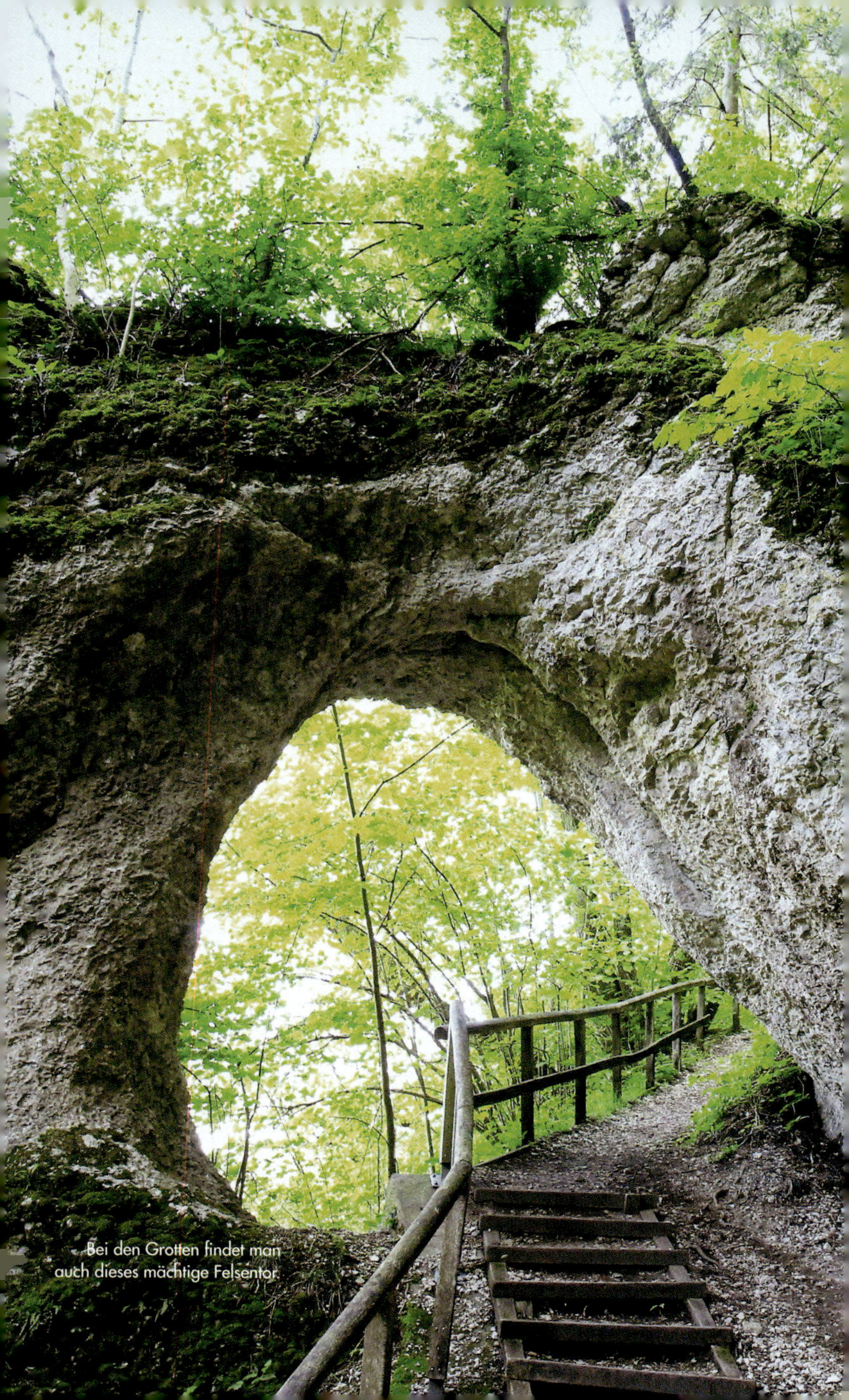

Bei den Grotten findet man
auch dieses mächtige Felsentor.

Nun machen wir einen Abstecher nach rechts. Der Pfad zieht sanft nach oben, nach einem Linksknick wandern wir durch die Lindenallee. Bald stehen wir auf dem **Amalienfelsen** 9, von dem man eine schöne Sicht hinab zur Donau und zur Hängebrücke hat. Danach gehen wir wieder zurück zum Schild **Amalienfelsen** (580 m) 8. Die Wiese vor uns ist die Steinwiese, die schon das fürstliche Paar und andere Hoheiten früher zu Picknicks verlockt hat.

Der berühmte rund 25 Hektar große wildromantische Schlosspark wurde auf Wunsch der Fürstin Amalie Zephyrine angelegt. Besonders beeindruckend sind das Felstor und die geschwungene Teufelsbrücke, die über eine zwanzig Meter tiefe Schlucht führt.

Amalienfels

Der rund 30 Meter hohe Amalienfels wurde früher Blaufelsen genannt; er ist mit der Inschrift »Andenken an Amalie Zephyrine 1841« und dem Allianzwappen der Fürstin versehen. Amalie Zephyrine von Salm-Kyrburg wurde 1760 in Paris geboren und 1782 mit dem Erbprinzen Anton Aloys von Hohenzollern-Sigmaringen verheiratet. Sie war eine recht außergewöhnliche Frau und hatte ihren eigenen Kopf. Im Vergleich zu Paris erschien ihr Sigmaringen als einengend, weswegen sie nach der Geburt ihres ersten Sohnes als Mann verkleidet floh. Sie lebte für die damaligen Verhältnisse sehr frei und selbstbestimmt. Nach zwanzig Jahren kehrte sie nach Inzigkofen zurück und ließ den Landschaftspark anlegen.

Jetzt haben wir zwei Möglichkeiten, um zum nächsten Ziel, der Teufelsbrücke, zu kommen. Der bequemere, aber etwas weitere Weg führt nach links und später nach rechts weiter. Steiler, aber kürzer und vor allem abenteuerlicher ist der rechte Weg. Er verläuft anfangs parallel zur Donau. Wenn wir zurückschauen, haben wir einen schönen **Blick auf den Amalienfelsen** 10 mit der dort angebrachten Schrift »Amalie Zephyrine«.

Danach stoßen wir auf einen querenden Weg beim Schild Amalienfels (575 m) und halten uns rechts. Gleich darauf führt die Hängebrücke nach rechts in den Parkabschnitt mit der **Eremitage** 11. Wer will, kann sich dort ein wenig umsehen, kehrt aber wieder hierher zurück.

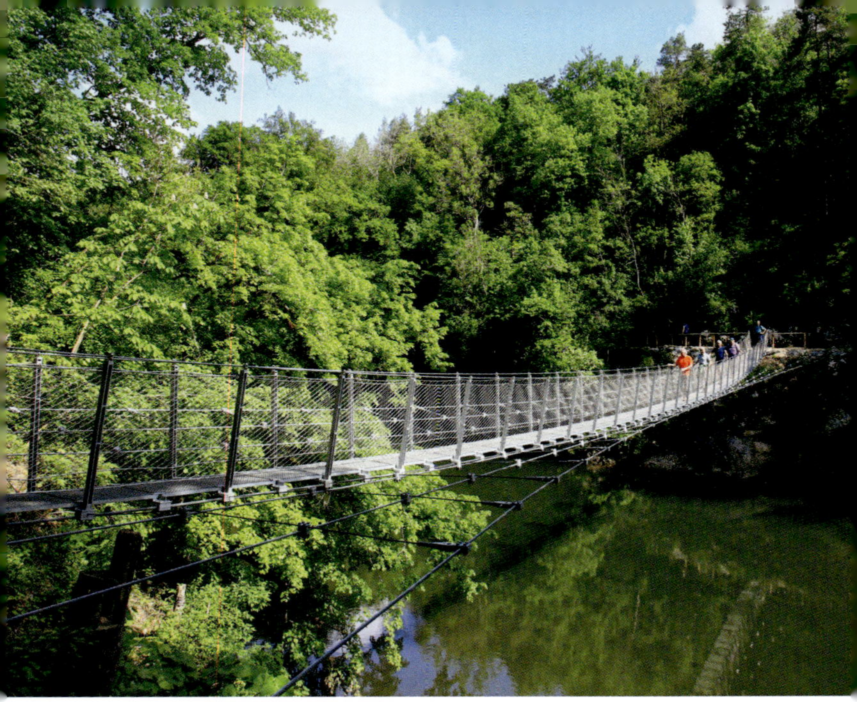

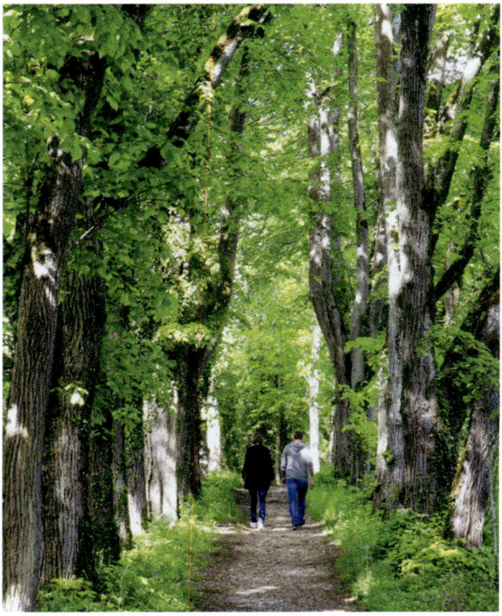

Danach steigt es steil an. Wir wandern immer noch parallel zur Donau, aber hoch über ihr. Es ist zwar ein Geländer angebracht, aber trotzdem sollte man mit Kindern etwas vorsichtig sein. Am Schluss dieses Steilabschnitts erreichen wir einen querenden Weg. Links sehen wir das Schild Bei der Teufelsbrücke (603 m). Hier biegen wir rechts ab und überqueren bald die **Teufelsbrücke** 12.

Um die Teufelsbrücke rankt sich eine Sage: Als Fürst Karl seinen Baumeister mit dem Bau der Teufelsbrücke beauftragte, soll dieser geantwortet haben: »Die soll von mir aus der Teufel bauen, aber nicht ich.« Da stand auch schon der Teufel da und erbot sich, die Brücke über den Abgrund zu bauen. Bedingung war, dass ihm die Seele jenes Geschöpfes gehören sollte, das als erstes die Brücke überquerte. Man ließ sich auf den Handel ein, und als die Brücke fertig war, jagte man einen räudigen Hund über sie – und betrog so den Teufel um seinen Lohn!

Nach einem Felsentor kommen wir zu einem mächtigen Felsen mit dem Schild westlich Teufelsbrücke (617 m). Wir folgen dem Pfad weiter geradeaus, halten uns an einer Verzweigung rechts und stoßen bald auf ein Sträßchen. Ihm folgen wir nach rechts bergab. Wir durchqueren den **Nickhof** ⓭ und erreichen so wieder unseren Ausgangspunkt.

Linke Seite oben: Diese Brücke führt zum Parkteil mit der Eremitage.

Linke Seite unten: Auf dem Weg zum Aussichtspunkt auf dem Amalienfelsen

Kloster Inzigkofen

Das heutige Volkshochschulheim in Inzigkofen (620 m) ist das ehemalige 1354 von Mechthild und Irmengard Sönner aus Sigmaringen gegründete Augustinerchorfrauenstift. Nach den Grundsätzen der Beginen lebten sie in absoluter Armut; sie besaßen nicht einmal Mäntel, sondern hüllten sich bei Kälte in ihre Leintücher. Später schlossen sie sich dem Franziskanerorden an.

Ab 1394 folgten die Augustinerinnen. Ihre materielle Ausstattung wurde durch verschiedene Schenkungen verbessert, sodass die Nonnen bereits 1385 die Altäre ihrer Kapelle vom Konstanzer Bischof weihen lassen und kurz darauf eine eigene Kirche errichten konnten. Das Kloster konnte sogar 1770/71, als es eine große Teuerung gab, täglich an bis zu 400 Personen Almosen und Brot abgeben. Dieser karitativen Tätigkeit hatte es das Kloster auch zu verdanken, dass es 1782 nicht wie andere rein kontemplative Klöster von dem reformfreudigen Kaiser Joseph II. aufgehoben wurde. 1803 kam aber trotzdem das Ende für das Kloster.

In einer bauhistorischen Untersuchung im Jahr 2000 wurde festgestellt, dass das Kloster mitsamt seinen Nebengebäuden eine der besterhaltenen Klosteranlagen des 17. Jahrhunderts in Deutschland ist. Die Kirche St. Johannes Baptist ist die ehemalige Klosterkirche, die 1780 von Christian Großbayer am Ort der1665 von Michael Beer erbauten Kirche errichtet wurde. Beer erbaute 1659–63 auch die Klausurbauten. Das Amtshaus des Klosters wurde ab 1811 von der Fürstin Amalie Zephyrine bewohnt.

20 Herrliche Natur und viele Schaukeln

Optimal für Kinder und Naturfreunde

Leicht | 4 km | 20 Hm | 1 Std.

Tourenverlauf: Laiz – Brücke – Donauweg – Aussichtsturm/renaturierte Donau – Donauweg – Sigmaringen – Donauweg – Wasserkraftwerk – Laiz

Ausgangspunkt: Sigmaringen-Laiz (Parkplatz Festhalle, Hauptstr. 52), GPS-Koordinaten: 48.076769, 9.194443

Anfahrt: A 81 bis Ausfahrt Empfingen, dann auf der B 463 zur B 27 und nach Balingen. Danach auf der B 463 über Albstadt-Ebingen bis zum Kreisverkehr nach Winterlingen. Dort rechts ab auf die B 313 und hinab ins Donautal nach Sigmaringen und gleich rechts ab in die L 277 in Richtung »Beuron«; ÖPNV: Bahn bis Sigmaringen, dann mit dem Bus nach Laiz Landesbank oder Festhalle; Info: www.efa-bw.de

Einkehr: Laiz, Sigmaringen

Karte: Freizeitkarte F 526 Sigmaringen (LGL); Wanderkarte Oberes Donautal Blatt 51-532 (NaturNavi)

Der »Schaukelweg« zwischen Laiz und Sigmaringen ist zwar eine Einrichtung für Kinder, die dort von Schaukel zu Schaukel wandern können, aber auch für Erwachsene hat dieser Spaziergang seine Reize. Immerhin kommt man an vielen idyllischen Stellen vorbei, kann von einem Beobachtungsturm aus die Vögel beobachten und sogar noch einen Abstecher in die sehenswerte Altstadt von Sigmaringen machen.

Wir gehen vom Parkplatz aus über die Brücke und überqueren die Donau. Gleich danach halten wir uns links. Nun wandern wir eine ganze Zeit entlang der Donau von Schaukel zu Schaukel.

In der Reihenfolge, in der man auf sie trifft, sind es folgende Schaukeln: Doppelschaukel, Wippe und Wippchen sowie Königinnenschaukel. Nach einiger Zeit kommen wir an der **renaturierten Stelle** (1) der Donau vorbei.

Hier finden wir außerdem die Vogelnestschaukel sowie einen Beobachtungsturm, der uns nicht nur einen besseren Überblick über die Umgebung bietet, sondern auch bei der Vogelbeobachtung hilfreich ist. Zu sehen sind, wenn man etwas Glück hat: Blässhuhn, Teichhuhn, Flussregenpfeifer, Höckerschwan, Stockente, Zwergtaucher, Bachstelze, Gebirgstelze und Wasseramsel. Darüber hinaus kann man Schwarzmilan, Rotmilan, Mäusebussard, Dunkler Wasserläufer, Waldwasserläufer, Lachmöwe, Gänsesäger, Graureiher, Reiher- und Kolbenente entdecken. Danach unterqueren wir eine Brücke, kommen an der Rollstuhlfahrerschaukel vorbei und erreichen das Frei-

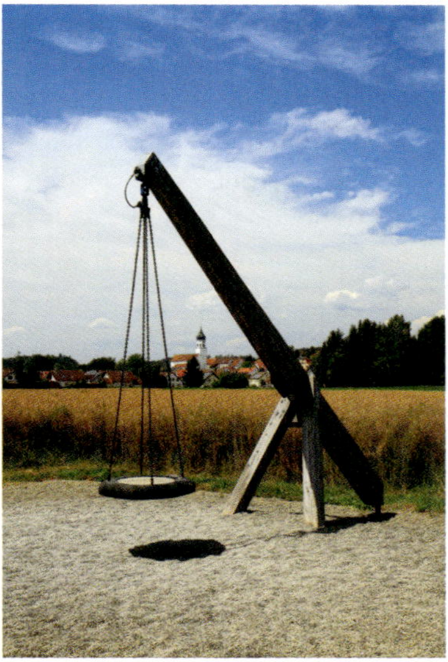

Hinter der Schaukel in der Ferne erhebt sich die Kirche von Laiz.

Tourencharakter

Auf dem Hinweg wandern wir auf einem asphaltierten Weg, auf dem Rückweg auf einem geschotterten Weg. Man kann die Tour auch in Sigmaringen beginnen. Auf dem Hinweg kommt man am Freibad vorbei. Beim Campingplatz gibt es verschiedene Freizeiteinrichtungen für Jung und Alt, wie Minigcolf, Tischfußball, Hochseilgarten, Bogenschießen, Kletterarena, Kanufahren und eine Einkehrmöglichkeit (www.outandback.de). Da der Weg durchgehend eben, auf dem Hinweg asphaltiert und auf dem Rückweg geschottert ist, ist er auch für Naturfreunde mit Kinderwagen oder Mobilitätseinschränkung geeignet.

bad. Hier findet man zudem nicht nur die Himmelsschaukel, sondern auch eine in den Fluss gebaute Terrasse. Rechts des Weges sehen wir zwei Betonobjekte, die wie Brückengeländer aussehen. Hier kann man ein Stück rechts des eigentlichen Weges wandern und diese beiden Geländer begehen. Danach trifft man wieder auf den eigentlichen Weg. Bald durchqueren wir einen Parkplatz und kommen vor die ersten **Gebäude** ❷. Hier hat man zwei Möglichkeiten: Nach rechts gelangt man zum Eingang des Campingplatzes mit den verschiedenen Freizeiteinrichtungen. Wer der Straße noch weiter folgt, kommt in das Zentrum von Sigmaringen, kehrt aber wieder hierher zurück. Wer darauf verzichtet, nimmt den linken Weg. Er führt uns links am

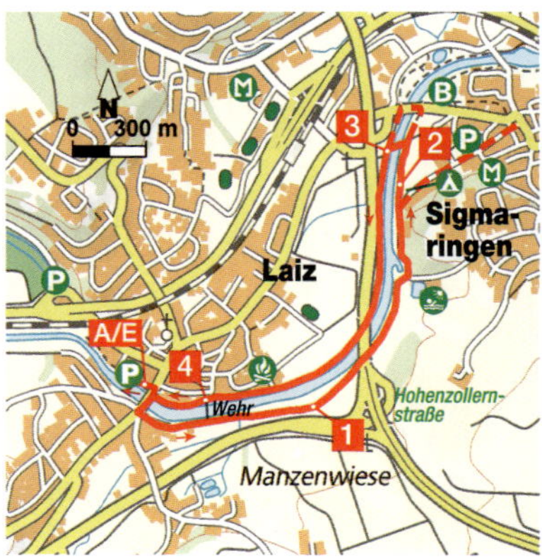

Campingplatz vorbei bis zu der Hängebrücke, die nach links über die Donau zu unserem Rückweg führt. Hier steht die Doppel-Hängesitzschaukel. Mit Kinderwagen oder wenn man keine Treppen steigen kann, geht man noch geradeaus zur Straße, überquert dort die Donau nach links und folgt auf der anderen Seite dem Weg nach links. So trifft man auch wieder auf die Hängebrücke.

Ansonsten überqueren wir die Hängebrücke und biegen danach am Schild **Alter Laizer Weg** (570 m) 3 links ab. Es folgen ein Beachvolleyballfeld, ein Spielplatz und danach wieder einige Schaukeln wie die Matrosenschaukel, die Mastkreuzpendelschaukel, der Traktorschwingreifen und die Doppelte Wie-

Unten: Vom Beobachtungsturm aus kann man nicht nur die Vogelwelt beobachten, man sieht auch zu den renaturierten Stellen der Donau.

Rechte Seite: Am Wendepunkt ist es nicht mehr weit zum Schloss und zur Altstadt von Sigmaringen.

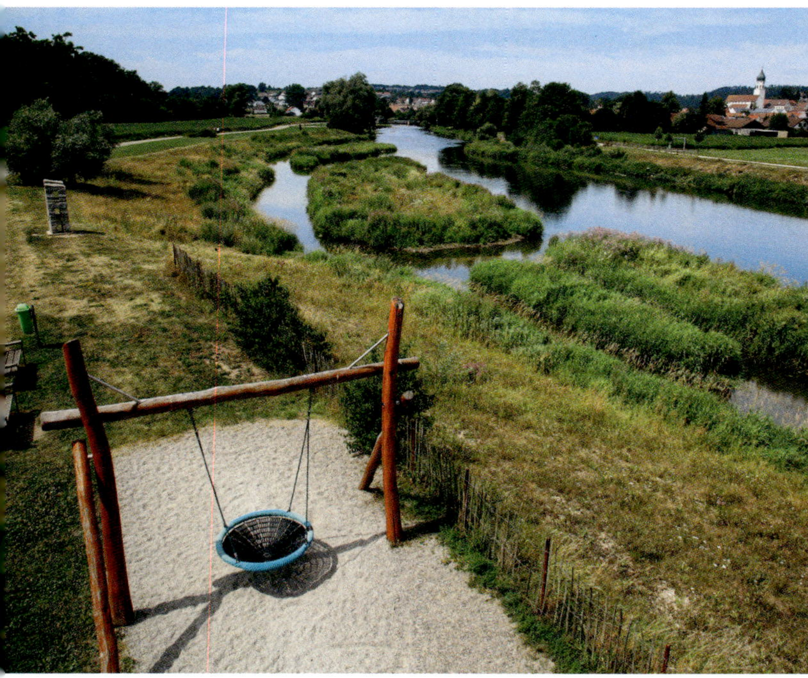

senschaukel. Nach einiger Zeit liegt links die **Wasserkraftanlage** ❹. Danach folgt ein Spielplatz für die Kleinen mit den Schaukeln Wackelapfel und Tatzel(wurm). Wir unterqueren die Brücke, über die wir am Anfang gegangen sind, und steigen gleich danach auf den Stufen nach rechts hinauf zum Parkplatz. Wer nicht Treppen steigen kann, geht noch kurz geradeaus weiter, dann kann man scharf rechts abzweigen und auf einem ansteigenden Schotterweg zum Parkplatz gelangen.

Laiz

1231 wurden erstmals die Herren von Laizen genannt. In kirchlicher Hinsicht war Laiz bedeutend, denn zur Pfarrei des Ortes gehörten bis ins 16. Jahrhundert Sigmaringen, Inzigkofen und Schmeien, und bis 1744 wurden die Sigmaringer sogar in Laiz begraben. Die hoch über dem Ort liegende Kirche St. Peter und Paul wurde 1429 erbaut, ihre Fundamente stammen aber bereits aus dem 12. Jahrhundert. Die Kirche gehörte zu einem vermutlich Anfang des 14. Jahrhunderts gegründeten Franziskanerinnenkloster.

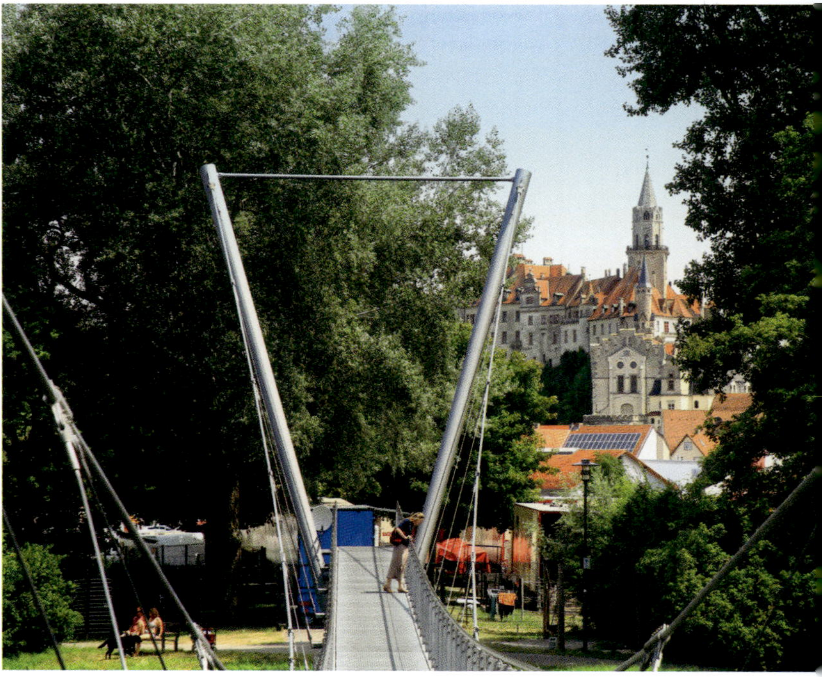

21 Durch den Wald zum idyllischen See

Unterwegs in der stillen Natur

Leicht | 7,5 km | 70 Hm | 2 Std.

Tourencharakter: Wir wandern auf festen Wegen. Am Eingang wird vor freilaufenden Wildschweinen gewarnt. An bestimmten Tagen kann man tiefgekühltes Wildfleisch kaufen; Info: www.hohenzollern.com

Tourenverlauf: Sigmaringen/Parkplatz Josefslust – Josefslust – durch den Wald – Gögginger Weiher – Ablacher Weiher – Josefslust – Parkplatz

Ausgangspunkt: Sigmaringen (Wanderparkplatz Josefslust, an der L456), GPS-Koordinaten: 48.055429, 9.231835

Anfahrt: A81 bis Ausfahrt Empfingen, dann über B463 und B27 nach Balingen. Danach auf der B463 über Albstadt-Ebingen bis zum Kreisverkehr nach Winterlingen. Dort rechts ab auf die B313 und hinab ins Donautal nach Sigmaringen. Geradeaus auf der Bundesstraße bleiben und nach der Donaubrücke geradeaus weiter auf der L456; ÖPNV: Bahn nach Sigmaringen, weiter mit dem Bus; Info: www.efa-bw.de

Karte: Freizeitkarte 526 Sigmaringen (LGL)

Ideal ist diese kurze Tour für Naturfreunde, die gerne stille Waldwanderungen unternehmen. Man geht durch den naturnahen Wald der Sigmaringer Hohenzollernfürsten und kommt an einem idyllischen Weiher vorbei. Beeindruckend sind aber auch die mächtigen alten Bäume, die immer wieder am Wegrand oder zumindest in Sichtweite stehen.

Wir überqueren am Parkplatz die Landstraße und gehen durch das große von zwei Hirschen auf Sockeln flankierte Tor hinein in den fürstlichen Forst Sigmaringen/Wildpark. Gleich darauf halten wir uns an der Verzweigung rechts und stoßen danach auf einen **querenden Weg** 1. Hier biegen wir rechts ab. Links sehen wir die Gebäude der Josefslust, danach betreten wir den Wald. Wir wandern parallel zur Straße, bis links **ein Weg abzweigt** 2. Diesem folgen wir nun. Nach einiger Zeit mündet von links ein Weg in unseren. Dort sehen wir eine mächtige dreistämmige Buche.

Gleich danach kommen wir zu einer **Kreuzung** 3, an der wir uns links halten. Zu unserer Linken erhebt sich kurz darauf eine eindrucksvolle Eiche. Die mächtige Fürst-Friedrich-Eiche ist von der fürstlichen Forstverwaltung als Biotop geschützt.

Danach geht es geradeaus weiter bis zu einer Kreuzung. Hier sehen wir nicht nur einen altertümlichen **Wegweiser** 4 aus Eisen, sondern auch weitere knorrige Eichen. Später kommen wir wieder hierher zurück. Jetzt aber biegen wir rechts ab in Richtung »Gögginger Weiher«. Links begleitet uns bald eine

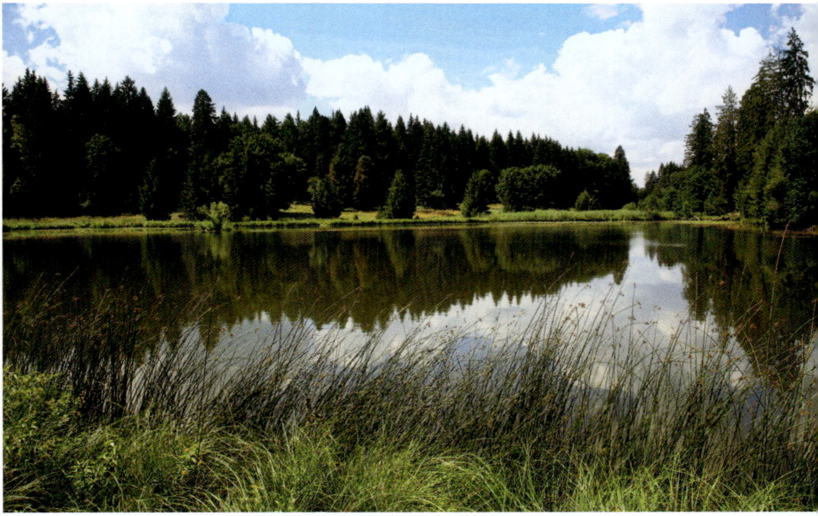

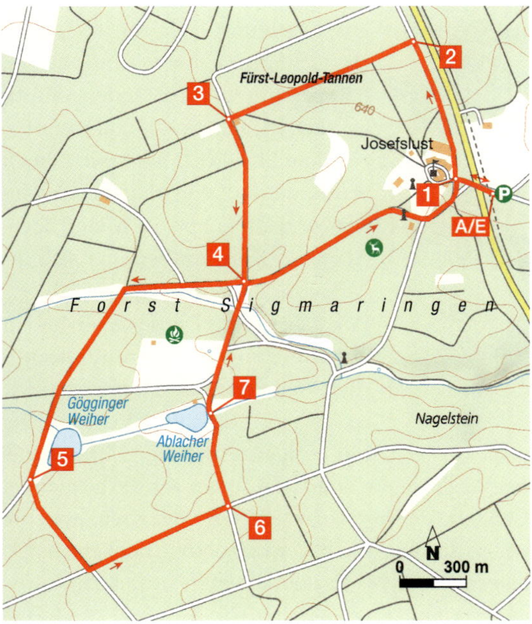

Am Ablacher Weiher

langgestreckte Lichtung. Der Weg zieht vor einer Wildruhezone nach links, bald danach queren wir eine Kreuzung.

Nach links sehen wir bald in etwas Entfernung den Gögginger Weiher. Wir behalten aber unsere Richtung bei, bis am Anfang einer sanften Rechtskurve links ein **Weg abgeht** 5. Diesem folgen wir. An der nächsten Kreuzung biegen wir erneut links ab.

Nach einiger Zeit halten wir uns an der nächsten **Kreuzung** 6 wieder links und erreichen bald den **Ablacher Weiher** 7. Hier kann man eine Rast einlegen, denn das idyllische Gewässer liegt direkt am Wegrand. Anschließend sehen wir links eine große Lichtung.

Die Lichtung ist von mächtigen alten Bäumen um- und bestanden, darunter auch die Fürstin-Margarita-Eiche, eine alte Stieleiche. Sie besitzt einen Stammumfang von über sieben Metern und ist knapp 30 Meter hoch. Auch ein Brunnen befindet sich innerhalb einer Baumgruppe.

Wir gehen geradeaus weiter bis zu der Kreuzung mit dem altertümlichen **Wegweiser** 4. Dort biegen wir rechts ab in Richtung »Josephslust«. Mit einigen Windungen bringt uns der Weg zu einer Freifläche, in der wir die bekannten Gebäude der Josefslust sehen. An der Kreuzung, die wir noch vom Anfang der Wanderung her kennen 1, biegen wir rechts ab und kommen zurück zum Ausgangspunkt.

Josefslust

Der Name Josefslust geht auf das gleichnamige Jagdschlösschen zurück, das Fürst Joseph Friedrich von Hohenzollern 1727 erbauen ließ. Seit 1790 ist das Areal Wildpark Josefslust eingezäunt. Anstelle des ersten Schlösschens wurde 1830 das Jagdschloss errichtet, das heute Sitz der Familie Hohenzollern-Sigmaringen ist. Der Wildpark ist von einem 35 Kilometer langen Wegenetz durchzogen und darf von jedermann kostenlos zum Zweck der Erholung zu jeder Zeit betreten werden. Radfahren ist allerdings nicht erlaubt. Der Haupteingang an der Landesstraße L 456 von Sigmaringen nach Krauchenwies ist von zwei gusseisernen Rothirschplastiken flankiert, rechts die eines Zwölfenders, links die eines Vierzehnenders. In dem Gebiet findet man viele alte Bäume, die zum Teil unter Naturschutz stehen, sowie idyllische Seen. Etwas Besonderes sind auch die gusseisernen Wegweiser.

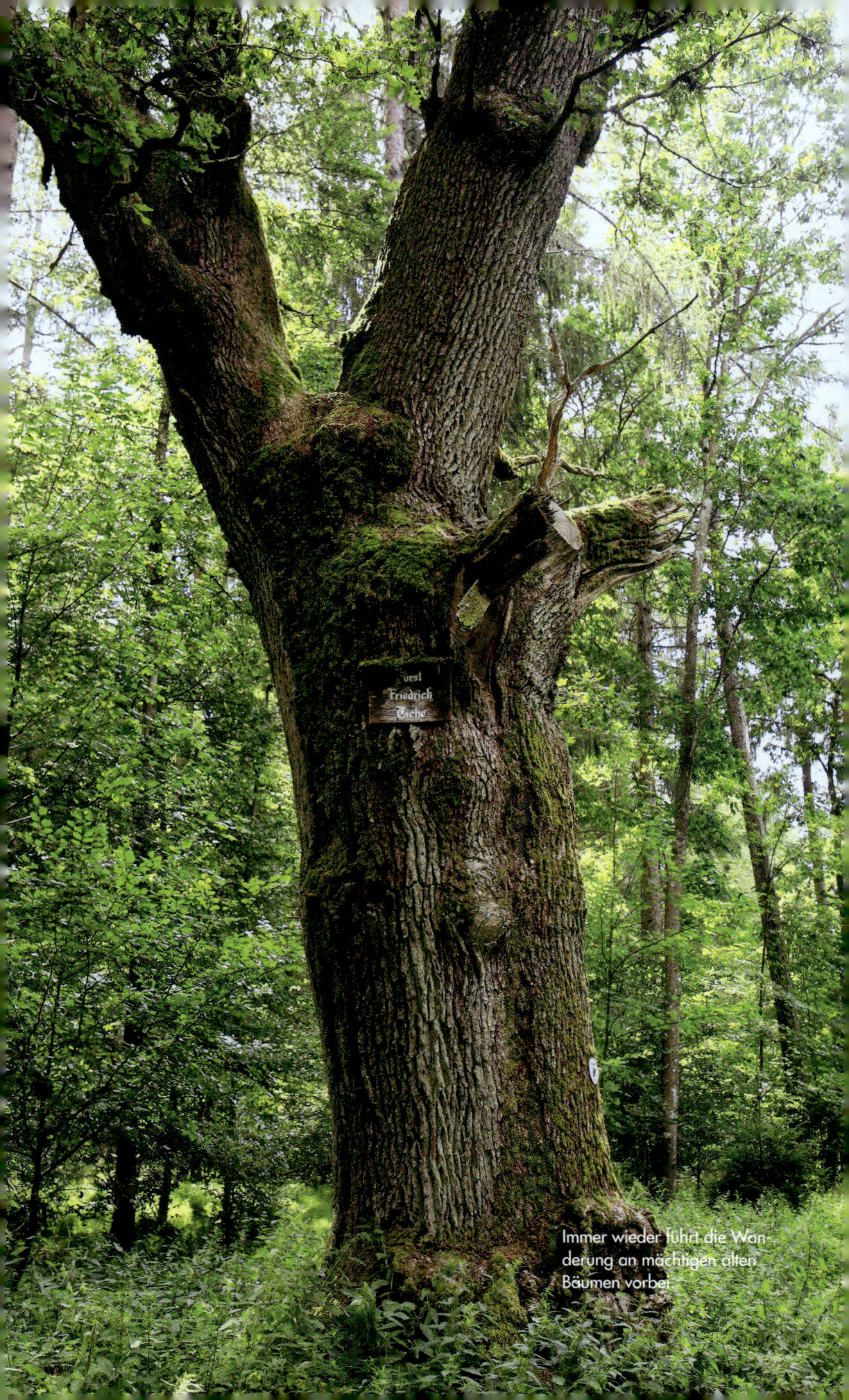

Immer wieder führt die Wanderung an mächtigen alten Bäumen vorbei.

22 Burgruine und wildes Tal

Ungestümes Wasser im Bittelschießer Täle

Leicht | 4,5 km | 90 Hm | 1.30 Std.

Tourencharakter: Wir wandern auf festen Wegen, nur vom Parkplatz hinauf zur Ruine auf einem Pfad, der aber gut zu gehen ist.

Tourenverlauf: Bingen/Parkplatz Fäulesloch – Ruine Hornstein – Hornstein – Bittelschießer Täle – Parkplatz

Ausgangspunkt: Bingen (Parkplatz Fäulesloch, Burgstraße/Hornsteiner Straße), GPS-Koordinaten: 48.110096, 9.262918

Anfahrt: Auf der B 27, B297, B 312 und B 313 über Reutlingen und Pfullingen nach Trochtelfingen. Dort der Beschilderung nach »Sigmaringen« folgen und links in den Talweg abbiegen. Am Kreisverkehr rechts in die K 6738 (später K 8205), über Inneringen und die K 8201 nach Bingen und dort rechts ab in die Hornsteiner Straße

Karte: Freizeitkarte F526 Sigmaringen (LGL)

Zwei Höhepunkte hat diese Tour, die als Spaziergang einzuordnen ist: Da wäre erstens – gleich am Anfang und wirklich auf der Höhe – die Ruine Hornstein. Zweitens wartet am Schluss das von der Lauchert durchflossene, herrlich idyllische Bittelschießer Täle, ein Naturjuwel sondergleichen.

Wir gehen am Schild Parkplatz Fäulesloch (603 m) auf dem Pfad hinauf in Richtung »Ruine Hornstein«. Unterwegs kommen wir an interessanten Informationsschildern zur Geschichte der Ruine vorbei. Der Weg führt direkt durch die **Ruine Hornstein** 1, die wir bei dieser Gelegenheit gleich ansehen können.

Nach der Ruine gehen wir in den Ort hinein bis zum Wendeplatz. Dort biegen wir am Schild Hornstein Wendeplatte (644 m) links ab und spazieren in der Burgstraße aus dem Dorf hinaus.

Nach Haus Nr. 10 am Schild **Hornstein Brunnengarten** (632 m) 2 gehen wir geradeaus weiter. Es geht ein kurzes Stück bergauf, dann führt uns der Weg durch Felder bis zu einer Querstraße. Hier biegen wir links ab und wandern bergab. Dort, wo wir auf eine von links kommende Straße treffen, behalten wir unsere Richtung bei. Bald überqueren wir die Bahnlinie und kommen zu einem Parkplatz.

Am Schild **Wanderparkplatz Bittelschießer Täle** (605 m) 3 biegen wir mit dem Zeichen rotes Kreuz links ab und gehen über die Wiese in den Wald, der uns gleich mit Felsen empfängt. Hier kann man auf der Höhe schon die Kapelle erahnen. Nun wandern wir parallel zur Lauchert durch das wilde Bittelschießer Täle.

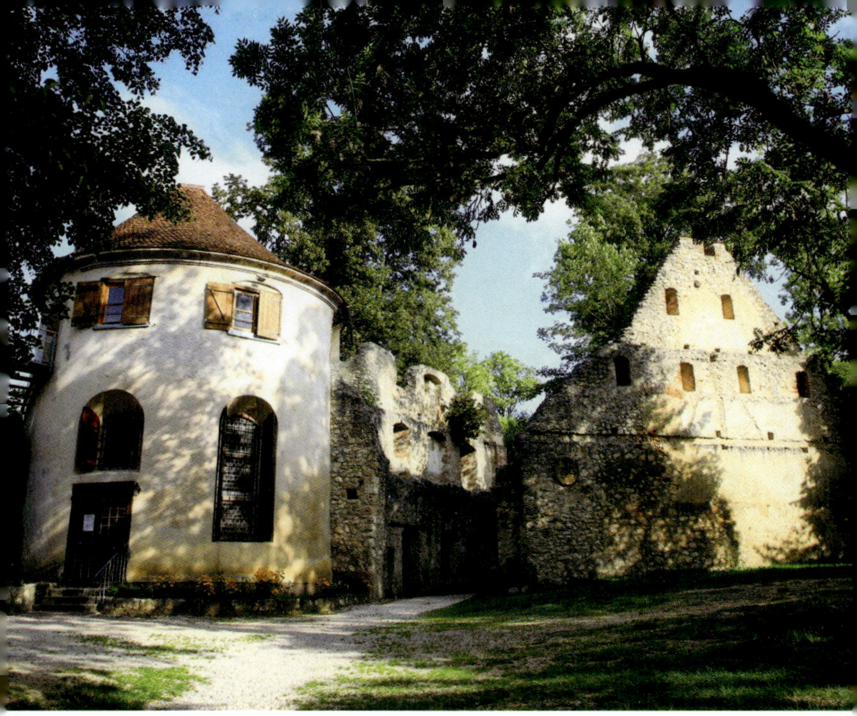

In der Ruine Hornstein

Die Lauchert, die wir bereits aus Tour 2 kennen, ist ein linker Nebenfluss der Donau. Sie mündet nach 56 Kilometern bei Sigmaringendorf in die Donau. Nebenflüsse von ihr sind die Erpf, die Fehla und die Seckach. Kurz darauf sehen wir links die **Bittelschießer Höhle** 4 (610 m). Sie liegt in einem reizvollen Teil des Laucherttals, dem romantischen Bittelschießer Täle. Hier hat der Fluss auf einer Strecke von etwa 300 Metern eine Felsschlucht in den Massenkalk des Oberjura gegraben, indem er einen alten Talsporn aus Massenkalk durchbrach, nachdem der aus der Rißeiszeit stammende Moränenschutt das alte Tal versperrt hatte. Es handelt sich um eine typische Karsthöhle; sie ist etwa 25 Meter lang, neun Meter

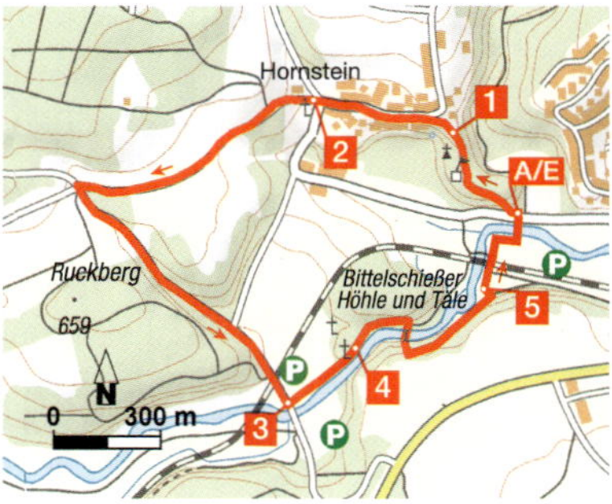

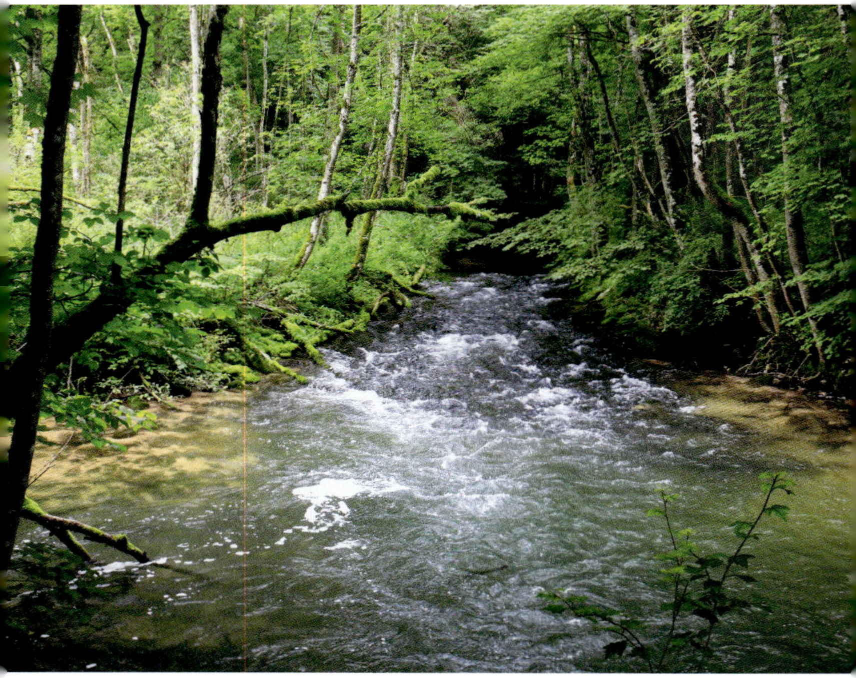

Im Bittelschießer Täle zeigt sich die Lauchert überaus idyllisch.

Rechte Seite: In der Ruine Hornstein wird man an frühere Zeiten erinnert. Hier finden auch Theatervorführungen statt.

breit, 14 Meter hoch und endet oben in einem offenen Kamin. Ihre Sohle liegt fast auf dem Niveau der Lauchert. Auch in der Umgebung gibt es in den Massenkalkfelsen viele Kleinhöhlen. In der Nähe von Bingen fand man in Höhlen Kulturreste (vor allem Scherben) aus der Jungsteinzeit und Knochenreste mittlerweile ausgestorbener Tiere. Gegenüber liegt die Wurzelhöhle (615 m), die einen fast drei Meter breiten Eingang besitzt und bis zu knapp 2,5 Meter hoch ist. Die über der Bittelschießer Höhle liegende Ruine Bittelschieß stammt aus der Zeit um 1150. Sie wurde 1248 als Besitz der Herren von Hornstein erstmals erwähnt und bereits 1479 zerstört. Man sieht noch die Kapelle, die zwar wahrscheinlich verschlossen sein wird, in ihrer Türe jedoch ein Guckloch hat. Außerdem entdecken wir einen Ölberg und verschiedene Reste der Anlage.

Danach folgen wir dem Weg weiter. Bald überqueren wir die Lauchert, danach kommen wir an mehreren mächtigen Felsen vorbei, die teilweise Höhlen besitzen. Nach einer Weile teilt sich der Fluss. Wo beide Teile kurz danach wieder zusammentreffen, sehen wir einen mächtigen **Felsen** 5, vor dem ein Bildstock steht.

Nach dem Felsen biegen wir links ab und folgen dem Weg zum Schild Steg in der Au (601 m). Nach links geht es über die Lauchert zurück zum Ausgangspunkt.

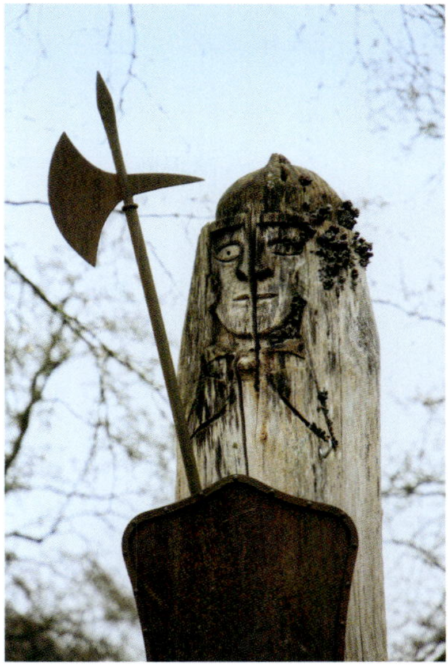

Ruine Hornstein

Die 1244 erstmals erwähnte Ruine Hornstein war einst reichsritterlicher Besitz. Vielleicht saßen aber schon vorher die bereits im 11. Jahrhundert genannten Herren von Hornstein auf einer Burg, die im Bereich des Dorfes lag. Unter der Herrschaft der Herren von Hornstein gab es in mehreren Phasen Baumaßnahmen, dann wurde die Burg aber um 1700 zu einem Barockschloss umgebaut. 1787 wurde dieses von den Fürsten von Hohenzollern-Sigmaringen erworben. 1818 wurde auf Anweisung der Fürsten in der Burg eine Hohenzollernsche »Zucht- und Besserungsanstalt« eingerichtet, in der auch »Irre« aufgenommen wurden. Nach dem Anschluss an Preußen bestand die Anstalt weiter, bis sie 1859 in eine Straf- und Korrektionsanstalt für Männer umgewandelt wurde. Diese wurde 1869 geschlossen. 1873 hat man die Anlage zum Abbruch verkauft, von den Maßnahmen wurde nur die prächtige barocke Schlosskapelle verschont. In ihr findet man Schnitzereien von Franz Magnus Hops und einen Stuckmarmor-Altar, in der ein großer Stuckalabastercorpus des Gekreuzigten von Joseph Anton Feuchtmayer (1696–1770) zu sehen ist. Heute kümmert sich ein rühriger Verein um die Ruine, der für zahlreiche Veranstaltungen verantwortlich zeichnet. Infos und Termine unter www.ruine-hornstein.de.

23 Im Zeichen der Kelten

Grabhügel und ein sehenswertes Freilichtmuseum

Leicht | 7,5 km | 90 Hm | 2 Std.

Tourencharakter: Wir wandern auf festen Wegen.

Tourenverlauf: Hundersingen/Freilichtmuseum Heuneburg – Baumburg – Lehenbühl – Hundersingen – durch die Felder – Hohmichele – Außensiedlung – Freilichtmuseum Heuneburg

Ausgangspunkt: Herbertingen-Hundersingen (Freilichtmuseum Heuneburg), GPS-Koordinaten: 48.095157, 9.408232

Anfahrt: Auf der B 27, B 297, B 312 und B 313 über Reutlingen und Pfullingen auf die Albhochfläche. An der Verzweigung kurz vor Engstingen links weiter auf der B 312, durch Kleinengstingen und vorbei an Bernloch und Oberstetten. Kurz vor Gauingen rechts ab auf die K 6743, dann auf der K 7547 nach Pflummern. Dort links, dann rechts und über Andelfingen zum Freilichtmuseum Heuneburg

Einkehr: Freilichtmuseum

Karte: Freizeitkarte 526 Sigmaringen (LGL)

Ganz im Zeichen der Frühgeschichte, genauer gesagt der Keltenzeit, ist dieser Wandervorschlag gehalten. Wir haben nicht nur Gelegenheit, am Ausgangspunkt das Freilichtmuseum und im nahen Hundersingen das Heuneburgmuseum zu besichtigen, sondern wir kommen auch an einigen keltischen Grabhügeln vorbei. Darunter ist mit dem Hohmichele auch einer der größten Europas.

Ob man das Freilichtmuseum vor oder nach der Wanderung besichtigt, ist Geschmacksache. Wer früh dran ist, unternimmt vielleicht am besten zuerst die Wanderung.

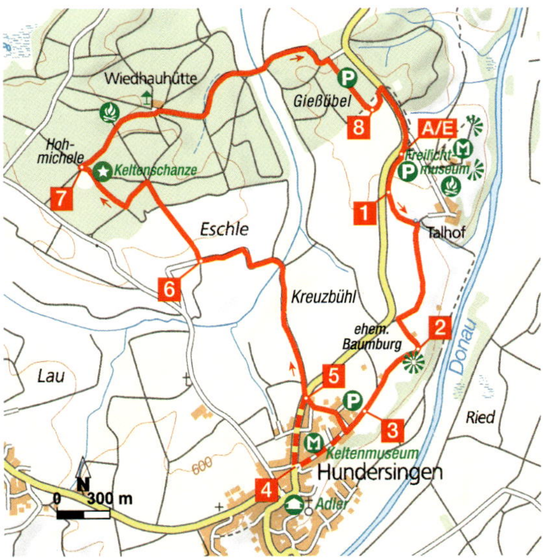

Wir folgen dazu kurz der K 8261 in Richtung Hundersingen. Kurz danach biegen wir aber bei dem Gehölz links auf den **unbefestigten Weg** 1 ab. Diesem folgen wir, bis wir auf einen geschotterten Feldweg stoßen. Auf ihm gehen wir nach rechts bergauf, bis wir fast wieder auf die Landstraße treffen.

Dort biegen wir links ab und kommen zur ehemaligen **Baumburg** 2. Wer einen besseren Überblick über die Landschaft möchte, steigt zu dem Kreuz hinauf, das die Baumburg krönt. Auch sie war vermutlich zuerst ein Fürstengrabhügel. Im Mittelalter stand auf ihr ein wehrhafter Turm mit einigen kleineren Gebäuden der Herren von Hundersingen. Die Burg wurde im 14. Jahrhundert zerstört und gelangte 1558 an das Kloster Heiligkreuztal.

Danach folgen wir dem Weg weiter. Bald liegt links der **Fürstengrabhügel Lehenbühl** 3, der einen Durchmesser von 65 Metern und eine Höhe von 4,5 Metern

Fürstengrabhügel bei der Außensiedlung der Heuneburg

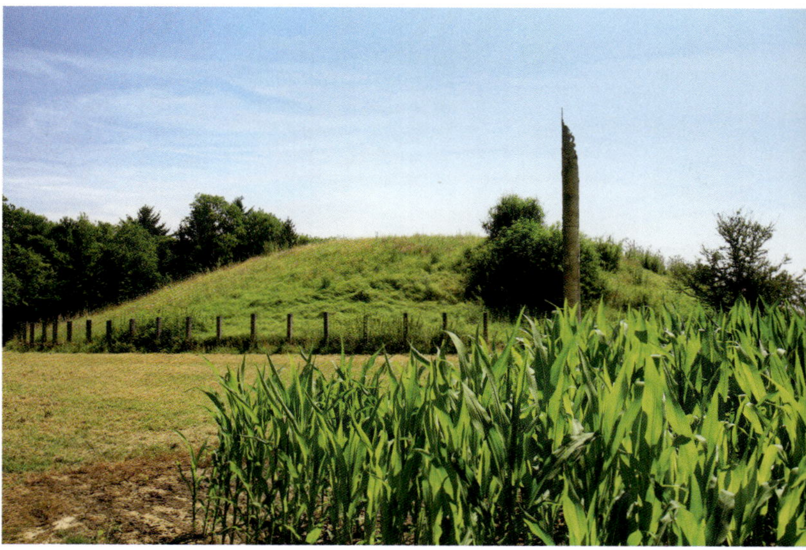

hat und aus der frühkeltischen Hallstattkultur stammt. Er beherbergte ein Fürstengrab aus dem 6. Jahrhundert v. Chr. 1897 fand man eine holzgezimmerte Grabkammer, die aber bereits geplündert war.

Anschließend führt uns der Weg weiter nach Hundersingen. Nun haben wir zwei Möglichkeiten: Wer im Zuge der Wanderung das Heuneburgmuseum besuchen will, geht in der Baumburgstraße geradeaus weiter. Wo diese auf die Binzwanger Straße trifft, findet man in der ehemaligen Zehntscheuer des Klosters Heiligkreuztal das **Heuneburgmuseum** 4. Hier zeigt man Originalfunde aus der Heuneburg und der Umgebung (Binzwanger Straße 14, www.heuneburg.de). Wer dies nicht oder später machen will, biegt nach den ersten Häusern in die Straße Im Moos ab. Sie bringt uns durch das Wohngebiet zur Landstraße. Auf dieser kommen auch die Museumsbesucher an. Etwas nach rechts versetzt geht vor dem **Flurkreuz** 5 ein Sträßchen ab. Auf diesem wandern wir

Im Sommer bieten die Kornfelder ein farbenkräftiges Bild.

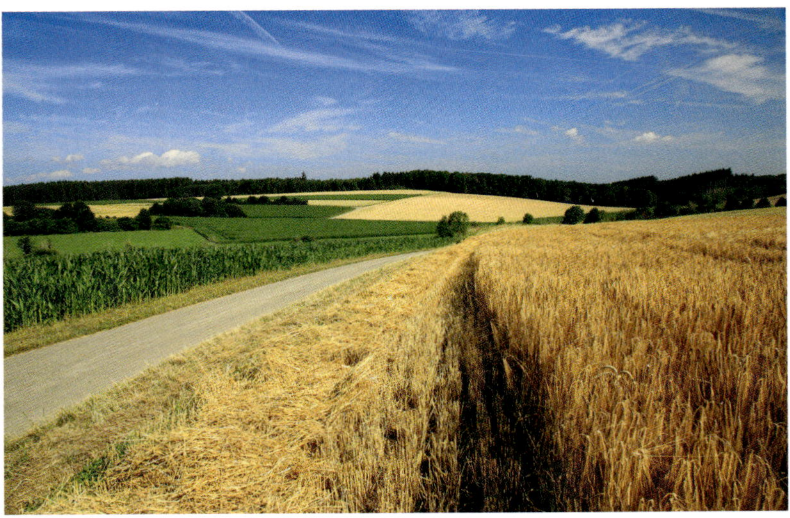

durch die Felder. Nach einem querenden Bach knickt der Weg erst links, dann rechts und wieder links ab.
Nach ein paar Bäumen folgen wir dem **Zeichen** 6 nach rechts in den Wald. An der ersten Kreuzung biegen wir links ab, etwas später werden wir nach rechts verwiesen. Nun wandern wir genau auf den riesigen **Grabhügel Hohmichele** 7 zu.
Anschließend biegen wir rechts ab. Im Zwickel dieses Forstwegs mit dem Hohmichele liegt eine keltische Viereckschanze. Wir folgen nun eine ganze Weile dem Forstweg, der verschiedene Windungen beschreibt. Schließlich überqueren wir auf einem Damm eine Wiesenschneise. Dahinter liegt links erst eine Freifläche, dann zieht der Weg nach rechts wieder in den Wald.

Grabhügel Hohmichele

Der Grabhügel Hohmichele liegt in einem Gräberfeld von rund 40 Hügelgräbern. Er besitzt einen Durchmesser von 85 Metern bei einer Höhe von 13,5 Metern und zählt damit zu den größten Grabhügeln in Mitteleuropa. Genutzt wurde das eindrucksvolle Fürstengrab im 6. Jahrhundert v. Chr. 1937/1938 fanden Ausgrabungen statt, das Grab war aber bis auf wenige Reste – 600 Perlen einer Kette, ein Stück golddurchwirkter Brokatstoff, Reste eines Wagens und Pferdegeschirr – bereits ausgeraubt. Das »-le« im Namen ist übrigens nicht aus der schwäbischen Manie, an alles ein »le« anzuhängen, entstanden, sondern kommt von dem Wort »leh« für Hügel.

An einer Kreuzung werden wir nach rechts auf einen Naturpfad verwiesen. Ihm folgen wir zum Waldrand. Dort sehen wir vor uns als Rest der **Außensiedlung der Heuneburg** 8 vier Fürstengrabhügel aus der Spätzeit des Fürstensitzes (5. Jh. v. Chr.). Die rund 35 Hektar große Siedlung war wesentlich größer als die nur drei Hektar umfassende Heuneburg. Nach der Zerstörung Ende des 6. Jahrhunderts v. Chr. wurde sie im Gegensatz zur Heuneburg aber nicht mehr aufgebaut.
Wir halten uns links, überqueren die Straße und folgen danach dem beschilderten Weg zurück zum Freilichtmuseum. Alternativ kann man für das kurze Stück auch der Landstraße folgen. Wer es noch nicht gemacht hat, sollte sich jetzt die Heuneburg und vielleicht auch das Museum in Hundersingen ansehen.

Heuneburg

Eine der sehenswertesten Ausgrabungen vorgeschichtlicher Epochen ist die Heuneburg. Sie gehörte zu den bedeutendsten keltischen Fürstensitzen der späten Hallstatt- und frühen Latène-Zeit (6.—5. Jh. v. Chr.) in Mitteleuropa. Mitte des 5. Jahrhunderts v. Chr. wurden die großen Siedlungen im Land auch bei griechischen Autoren erstmals erwähnt, die Heuneburg war aber zu dieser Zeit bereits etwa 150 Jahre besiedelt.

So ist vermutlich die Stadt Pyrene, von der der griechische Geschichtsschreiber Herodot im 5. Jahrhundert berichtete, mit der Heuneburg identisch. Hier kreuzten sich mehrere bedeutende Handelsstraßen, und so waren für den Herrscher auf der Burg die Voraussetzungen ideal, um reich und mächtig zu werden – Verkehr und Handel, vor allem Fernhandel, warfen immer etwas ab. Der reiche Fürst konnte im 6. Jahrhundert seine Macht immer mehr ausdehnen, von der mittleren Alb bis zum Albtrauf, und schließlich war er wohl mächtiger als seine »Kollegen«, die um ihn herum siedelten.

Am Eingang zum Museum

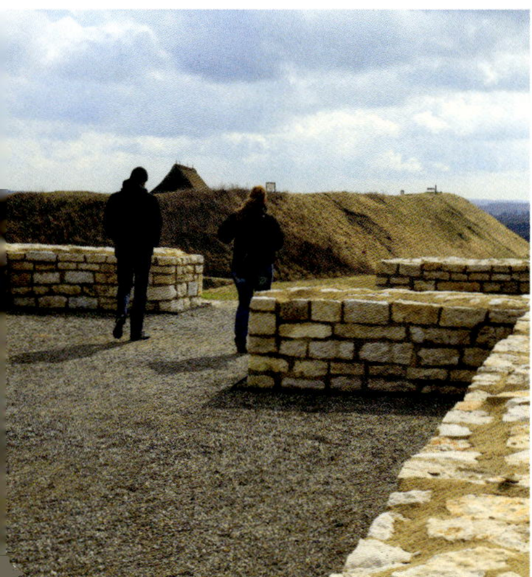

Man fragt sich, wer diese Höhenburg wohl bewohnte, da reiche Gräber in der Umgebung nicht festzustellen sind. Jedenfalls diente dieser Wohnsitz der Machtdemonstration und dem Repräsentationsbedürfnis eines nicht nur regional wichtigen Herren. Dass er bedeutend und reich war, ist auch daran zu sehen, dass er Wein aus der

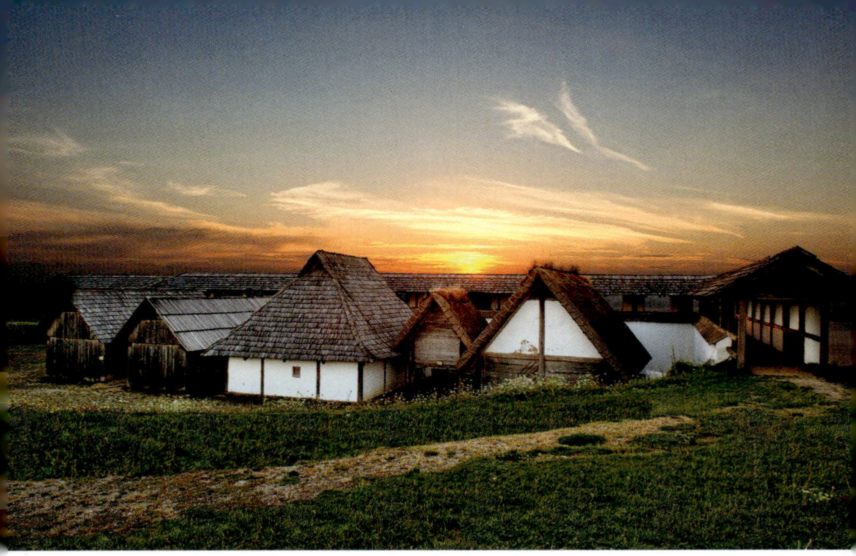

Blick auf die alte Keltensiedlung

Mittelmeergegend trank – und das aus Gefäßen aus Griechenland! Seine Gewänder waren aus golddurchwirktem Brokat, er trug Halsketten aus Gold, besaß wertvolle, verzierte Waffen aus Eisen und Bronze und fuhr bei besonderen Anlässen auf seinem Prunkwagen. Um all das zu bekommen, pflegte er Handelsbeziehungen zu Griechenland und Spanien und hatte mit den Etruskern Kontakt. Die lange uneinnehmbare Burg wurde erst um 500 v. Chr. durch einen Brand zerstört, der vielleicht aufgrund von inneren Unruhen in der Siedlung entstand, wobei die Außensiedlung und die Heuneburg gemeinsam verbrannten. Danach lebten zwar noch weitere Fürsten hier, aber sie waren nicht mehr so bedeutend. Die Burg wurde wiederaufgebaut, aber auch die neue Anlage brannte ab.

Das Freilichtmuseum wurde von der Gemeinde Herbertingen ab 1998 angelegt. Neben einem 80 Meter langen Abschnitt der Lehmziegelmauer sind mehrere Gebäude, das Herrenhaus, ein Wohnhaus, ein Speichergebäude und die Werkstatt eines Buntmetallschmieds originalgetreu wiederaufgebaut.

Info: www.heuneburg-keltenstadt.de

24 Zwei-Täler-Tour über dem Donautal

Orchideen und Hegaublick

Leicht | 9,5 km | 160 Hm | 3 Std.

Tourencharakter: Wir wandern auf festen Wegen. Wer will, kann im Rehletal ein Stück auf einem Pfad gehen, um den Orchideen näherzukommen.

Tourenverlauf: Hattingen/Parkplatz Rehletal – Rehletal – Sportplatz – über die Felder – Burgstaller Bach – Parkplatz

Ausgangspunkt: Hattingen (Parkplatz Rehletal an der K 5994), GPS-Koordinaten: 47.897991, 8.796174

Anfahrt: A 81 bis Ausfahrt Geisingen, weiter auf der B 311 bis Immendingen. Nach dem Ort rechts in die L 225 und beim Gewerbegebiet links in die K 5928 nach Hattingen. Dort in der Hauptstraße den Ort nach rechts verlassen und über die K 5944 zum Ausgangspunkt

Karte: Freizeitkarte 507 Villingen-Schwenningen (LGL)

Einkehr: Keine; Grillmöglichkeit: nach dem Sportplatz

Von den beiden in der Überschrift versprochenen Tälern ist das Rehletal besonders für Freunde seltener Flora interessant. Es ist als Naturschutzgebiet ausgewiesen und beheimatet eine ganze Anzahl seltener Pflanzen. Das zweite Tal, durch das wir am Schluss wandern, wird vom Burgstaller Bach durchflossen.

Direkt am Parkplatz geht der Forstweg ab, der durch das Naturschutzgebiet Rehletal führt. Nach kurzem Weg sieht man rechter Hand eine große lichte **Waldfläche** ❶, die eingezäunt ist. Etwas später kann man auf der rechten Seite einen Pfad benutzen, von dem aus man zwar nicht abweichen darf, der uns aber

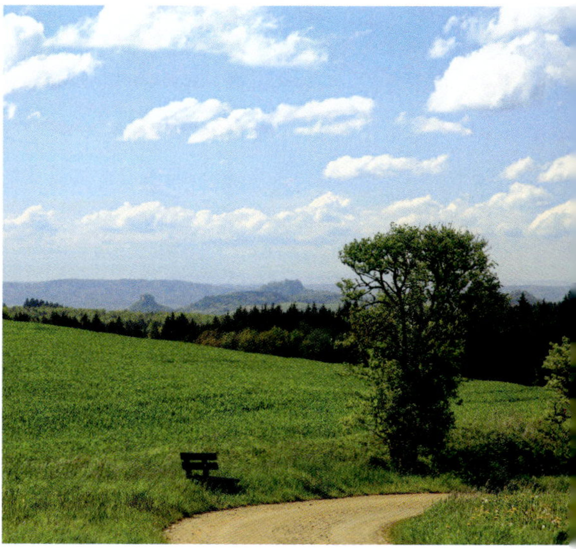

näher an die seltenen Pflanzen bringt. Bald quert der Veit-Hirner-Weg. Auf ihm kann man nach rechts etwas ansteigen, dann geht es wieder zurück zum Forstweg. Der ihn begleitende Pfad endet bald, ebenso das botanisch interessante Gebiet. Kurz darauf verlassen wir auch das Naturschutzgebiet. An der Verzweigung gehen wir im Grossholzweg geradeaus weiter. Nach einiger Zeit mündet ein **mit der blauen Raute markierter Weg** ❷ in unseren.

Bald treffen wir nach dem Schild Sportplatz Hattingen (720 m) auf den **Sportplatz** ❸. Wir gehen links an ihm vorbei und stoßen danach auf die K 5994. Ihr folgen wir kurz nach links, dann biegen wir vor den Häusern an dem **Flurkreuz** ❹ rechts ab. Nun machen wir einen kleinen Schlenker zwischen Feldern und Wiesen, weil wir von hier aus einen prächtigen Blick zu den Hegaubergen haben. Gut zu erkennen sind beispielsweise Hohenhewen, Hohenkrähen,

Linke Seite: Blick auf die Vulkane des Hegaus

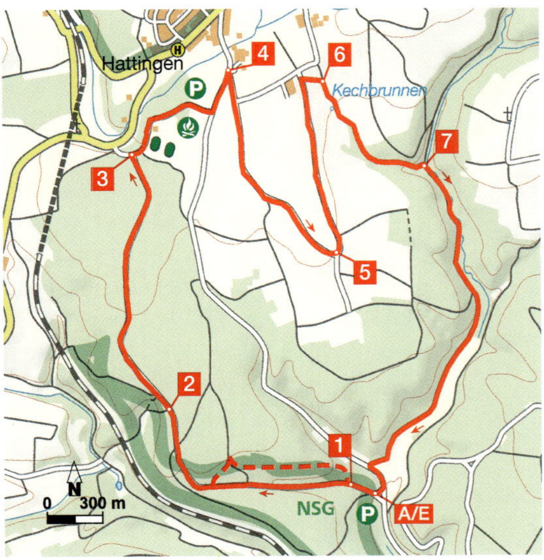

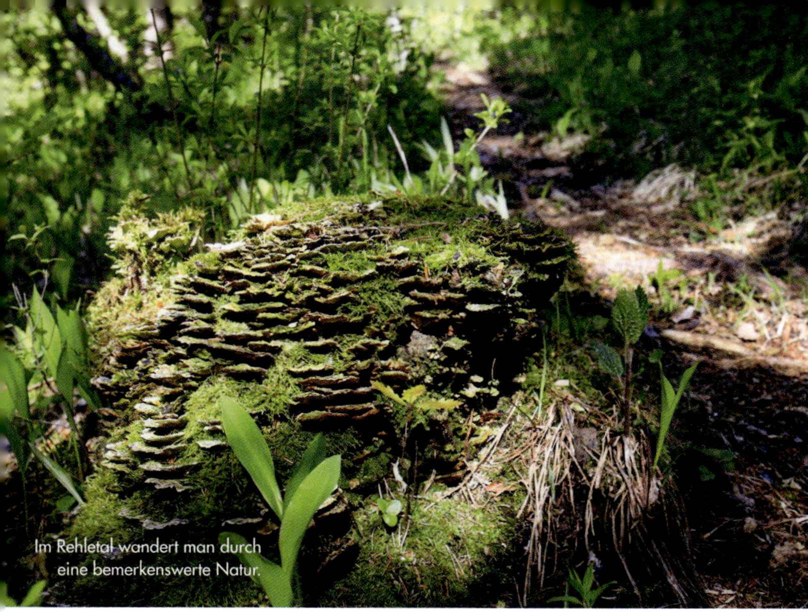

Naturschutzgebiet Rehletal

Im Naturschutzgebiet Rehletal findet man zahlreiche seltene Pflanzen wie zum Beispiel den Gelben Frauenschuh. Diese Königin unter den einheimischen Orchideen blüht eigentlich im Mai/Juni, hier im Rehletal sogar noch früher. Zudem findet man in dem orchideenreichen Buchenwald und Geißklee-Kiefernwald eine reiche Flora mit Waldvögelein, Gelbem Enzian, Geflecktem Knabenkraut, Reckhölderle, Mairöschen, Mücken-Händelwurz und Braunrotem Stendelwurz, Seidelbast, Schlüsselblume, Maiglöckchen, Frauenschuh, Großes Zweiblatt, Vogelnestwurz, Fliegen-Ragwurz, Fuchs' Knabenkraut, Immenblatt sowie Rotem und Schwertblättrigem Waldvögelein.

Mägdeberg und der Doppelgipfel des Hohenstoffeln.

Nach einer großen Feldscheune nehmen wir an der Verzweigung den linken Weg. Danach stoßen wir auf einen **querenden Weg** 5. Ihm folgen wir nach links und gehen, fast parallel, wieder in Richtung Hattingen. An einem Hof biegen wir rechts ab, am nächsten **Feldweg** 6 noch einmal. Nun fällt der Weg. Vorbei am Kechbrunnen, der in einem Gehölz liegt, kommen wir zum Waldrand.

Es geht durch den Wald bis zum querenden **Biertelweg** 7. Hier biegen wir rechts ab. Nun wandern wir im Tal des Burgstaller Bachs. Nach dem Wald geht es über eine idyllische Wiese, bis wir wieder auf die K 5994 stoßen. Links liegt unser Ausgangspunkt.

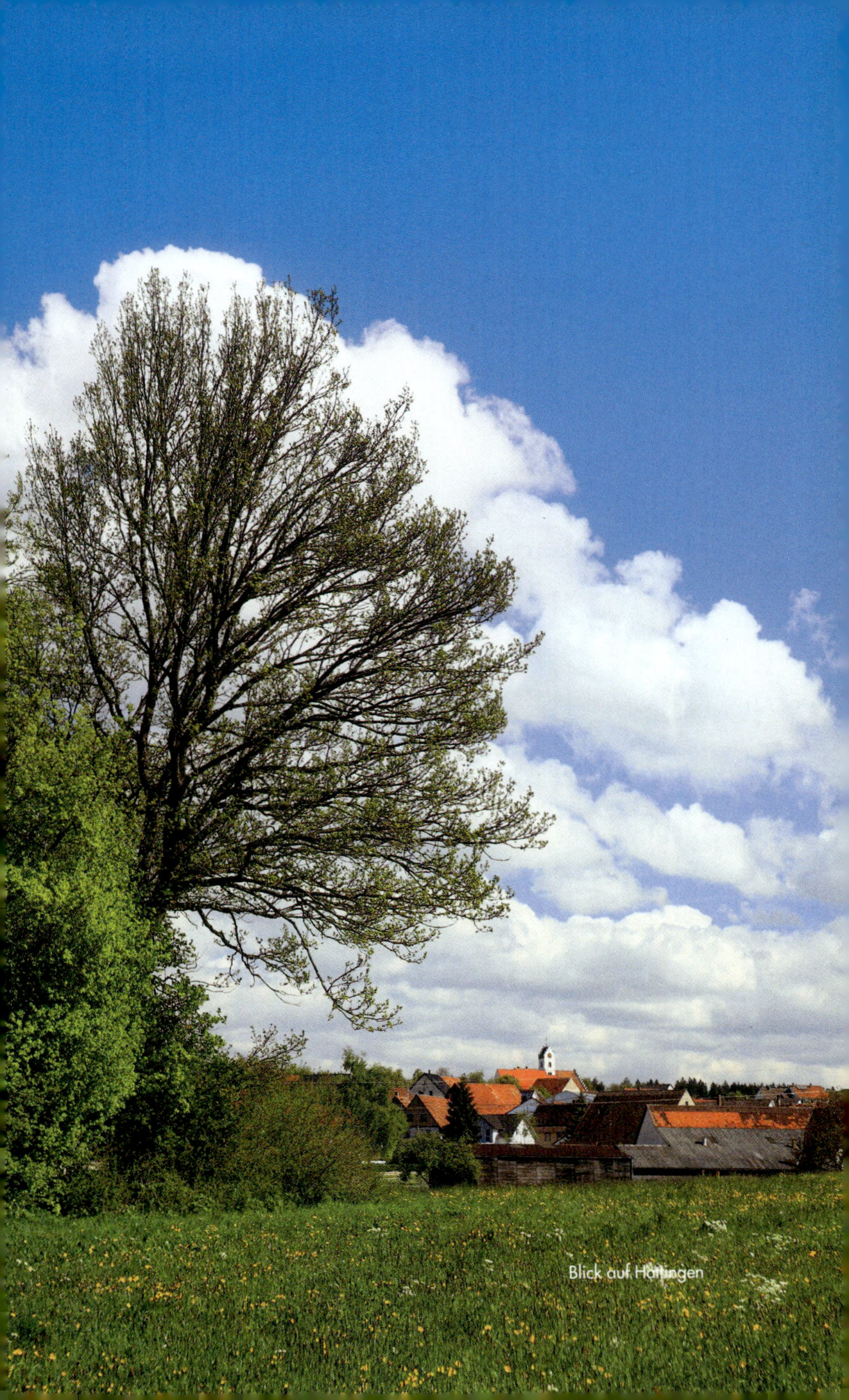

Blick auf Hattingen

25 Hegaublick und Pestkreuze

Erinnerung an schwere Zeiten

Leicht | 7 km | 100 Hm | 2 Std.

Tourencharakter: Wir wandern auf festen Wegen. Wer diese ohnehin schon kurze Tour nochmals abkürzen will, hat zweimal die Gelegenheit dazu. Ohne den Abstecher zur Zeilenkapelle ist sie rund einen Kilometer kürzer. Nimmt man außerdem den Rückweg entlang der B 491, fallen noch einmal 1,2 Kilometer weg.

Tourenverlauf: Emmingen ab Egg/Pestkreuze – Obere Lache – Zeilenkapelle – Emmingen – Ahorn – Pestkreuze

Ausgangspunkt: Emmingen ab Egg (Parkplatz bei den Pestkreuzen an der B 491), GPS-Koordinaten: 47.920872, 8.842867

Anfahrt: A 81 bis Ausfahrt Tuningen und B 523 bis Tuttlingen, danach B 14 und B 491 bis Emmingen. Der Ausgangspunkt liegt hinter dem Ort.

Karte: Freizeitkarte 507 Villingen-Schwenningen (LGL)

Gleich zu Anfang dieser kurzen Tour bietet sich uns bei den historisch interessanten Pestkreuzen ein weiter Blick zu den Hegaubergen, allen voran zum mächtigen Hohenhewen. Auch danach bietet sich uns immer wieder eine schöne Aussicht über die lebhaft bewegte Landschaft.

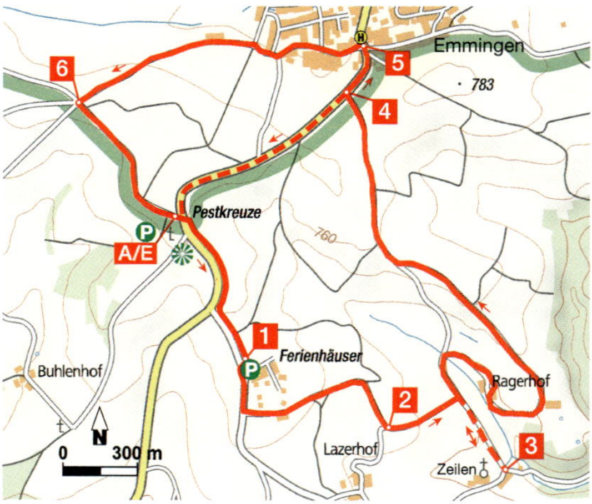

Wir überqueren am Parkplatz bei den Pestkreuzen die Straße und folgen dem Weg auf der anderen Seite nach rechts. Nach einiger Zeit kommen wir zu einem **Waldstück** (Obere Lache) ❶; hier müssen wir kurz der Landstraße folgen. Nach dem eingezäunten Wäldchen biegen wir links ab und spazieren entlang des Zauns, danach durch die Felder. Der Weg knickt rechts ab, etwas später halten wir uns an einem querenden Weg links ❷.

Am nächsten Querweg vor den beiden Häusern müssen wir uns entscheiden: Nach rechts kann man einen kurzen Abstecher zur **Zeilenkapelle** ❸ machen, danach kehren wir aber wieder zum Abzweig zurück. In der dem hl. Sebastian, dem Schutzpatron gegen Viehseuchen, geweihten Zeilenkapelle findet man sehenswerte Wandmalereien, etwa einen Zyklus mit der Passion Christi, Apostelfiguren, Sonne und Mond, teils überlagert von Bildern mit dem Martyrium des hl. Sebastian. Sie gehen teilweise auf das 15./16. Jahrhundert zurück. Der Barbaraaltar stammt von 1730, die Kanzel wurde 1774 von Andreas Keller geschaffen. Am Abzweig halten wir uns links. Der Weg beschreibt bald eine Rechtskurve und wir gehen durch die Hofanlage hindurch. Danach zieht er wieder nach links hinauf. Nun bietet sich uns ein schöner Blick auf die hügelige Landschaft links und rechts des Weges. Schließlich erreichen wir wieder die **B 491** ❹. Wer auf dem schnellsten Weg wieder zurück zum Ausgangspunkt möchte, biegt hier links ab und spaziert neben der Straße zu den Pestkreuzen. Schöner ist aber sicher die andere Variante: Wir halten uns dazu rechts und biegen nach den ersten Häusern von Emmingen ab Eck links ab in die **Hegaustraße** ❺. Gleich danach sehen wir links die Schächerkapelle. Sie stammt aus dem Jahr 1768. Innen sieht man Christus mit den beiden Schächern am Kreuz, geschaffen vom Bildhauer Andreas Keller. Wir gehen immer geradeaus. Wo die Straße nach rechts als Rosenstraße weiterführt, behalten wir unsere Richtung bei und verlassen Emmingen. Mit weitem Blick kommen wir in der Folge zu einem **Ahorn** ❻, unter dem ein Flurkreuz steht. Hier bietet sich uns wieder nach rechts ein Blick auf die Hegauberge. Nach links kommen wir in wenigen Minuten zurück zum Ausgangspunkt.

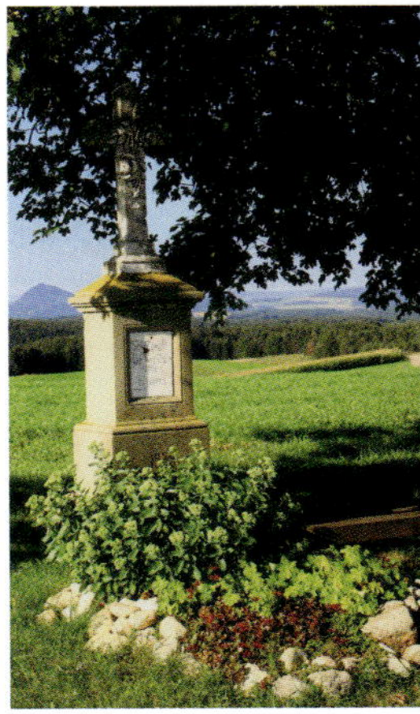

Von diesem Flurkreuz aus bietet sich ein weiter Blick ins Hegau.

Die vier Pestkreuze erinnern an schlimme Zeiten.

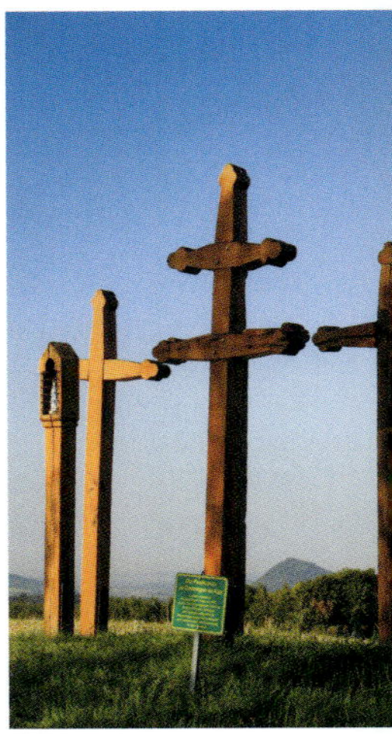

Register

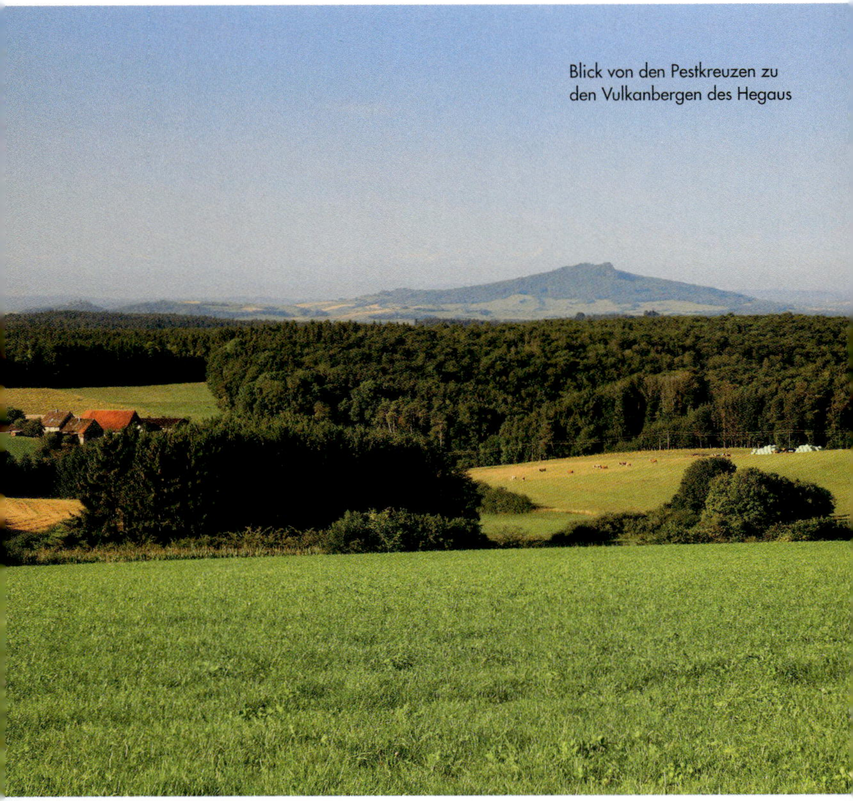

Blick von den Pestkreuzen zu den Vulkanbergen des Hegaus

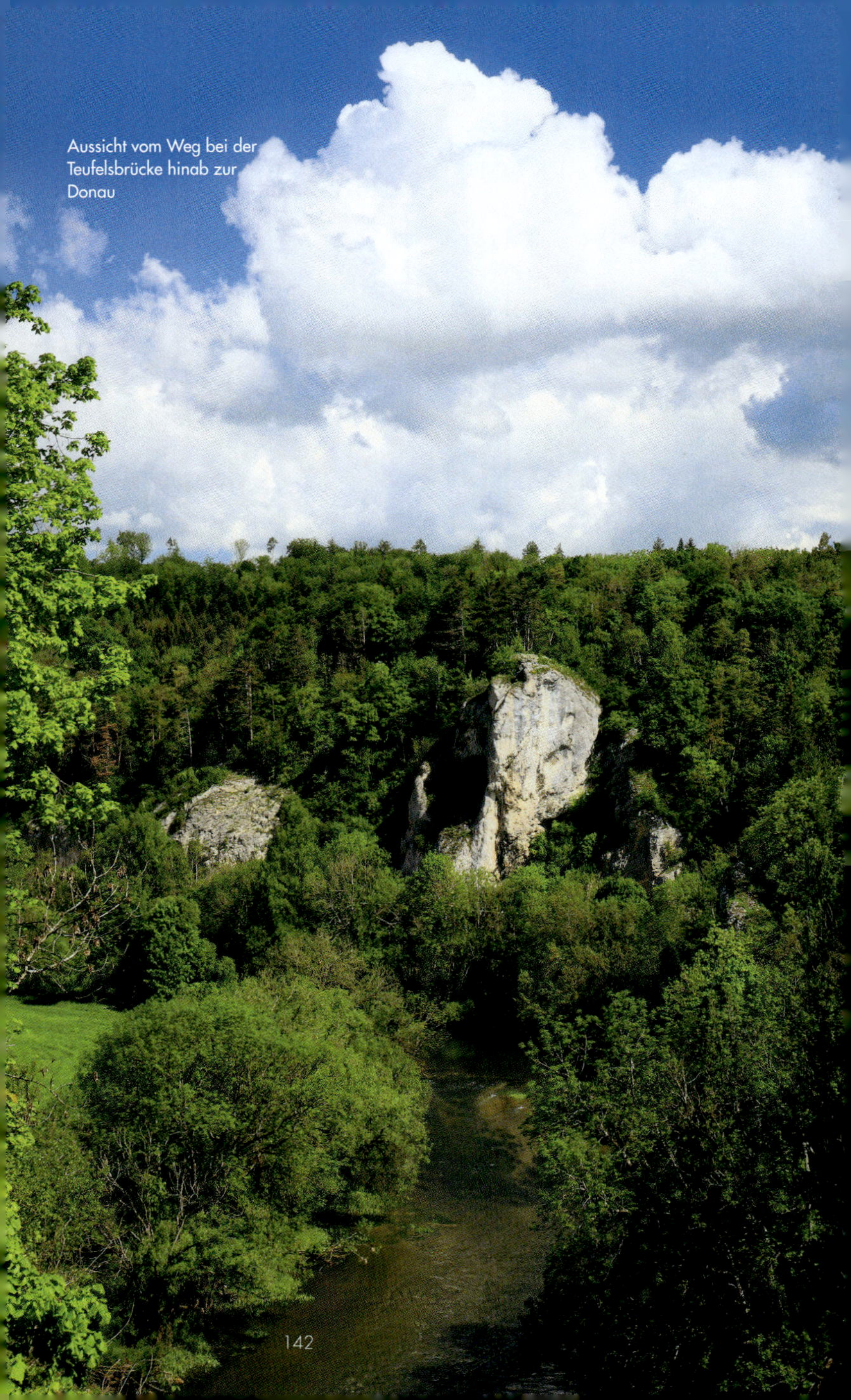

Aussicht vom Weg bei der Teufelsbrücke hinab zur Donau

Impressum

Verantwortlich: Stefanie Krüger
Lektorat und Satz: Verlagsbüro Wais & Partner, Stuttgart
Repro: Cromika, Verona
Kartografie: Bruckmann Verlag GmbH, Heidi Schmalfuß
Herstellung: Barbara Uhlig
Printed in Slovenia by Florjancic

★★★★★

Sind Sie mit diesem Titel zufrieden? Dann würden wir uns über Ihre Weiterempfehlung freuen. Erzählen Sie es im Freundeskreis, berichten Sie Ihrem Buchhändler, oder bewerten Sie bei Onlinekauf. Und wenn Sie Kritik, Korrekturen, Aktualisierungen haben, freuen wir uns über Ihre Nachricht an J. Berg Verlag, Postfach 40 02 09, D-80702 München oder per E-Mail an lektorat@verlagshaus.de.

Unser komplettes Programm finden Sie unter www.j-berg-verlag.de

Alle Angaben dieses Werkes wurden von den Autoren sorgfältig recherchiert und auf den neuesten Stand gebracht sowie vom Verlag geprüft. Für die Richtigkeit der Angaben kann jedoch keine Haftung übernommen werden, weshalb die Nutzung auf eigene Gefahr erfolgt. Insbesondere bei GPS-Daten können Abweichungen nicht ausgeschlossen werden.

Empfehlung der Redaktion
Sie sind auf der Suche nach weiterführender Literatur? Dann empfehlen wir Ihnen den Titel »Premiumwanderwege Schwäbische Alb« von Dieter Buck. Oder Sie werfen einen Blick in die Zeitschrift »Schöner Südwesten«. Hier werden Sie bestimmt fündig.

Bildnachweis: Alle Bilder im Innenteil und auf den Umschlagseiten stammen vom Autor, mit folgenden Ausnahmen: Coverbild (Shutterstock/footageclips), Autorenfoto (Melanie Buck), S. 133 (M. Friemelt, Landesamt für Denkmalpflege im Regierungspräsidium Stuttgart).
Umschlagvorderseite: Die Teufelsbrücke im Naturpark Obere Donau (Tour 19)
Umschlagrückseite: Ruhiges Wasser und wilde Felsen im Donautal (Tour 16)

Die Deutsche Nationalbibliothek verzeichnet diese Publikation in der Deutschen Nationalbibliografie; detaillierte bibliografische Daten sind im Internet über http://dnb.d-nb.de abrufbar.

Infanteriestraße 11a
80797 München

ISBN 978-3-86246-725-9